Alfred Haefeli – Dave Brüllmann

Tapetenwechsel

Die schönsten Ausflugsrestaurants

Deutschschweiz und Tessin

FARO

«Bewertungszahlen» in den Infospalten

Ambiente Innenräume

3 einfache rustikale oder moderne Einrichtung

4 gepflegtes Ambiente mit Schmuck- oder Kunstgegenständen

5 aussergewöhnlich schön, ein Augenschmaus

Garten, Park, Terrasse

3 einfacher Garten und/oder Terrasse, zweckmässig

4 ambitionierter Aussenbereich, Blumen und Sträucher

5 aussergewöhnlich schön, man möchte für immer bleiben

kinderfreundlich

3 eher für Erwachsene, Kinder müssen brav sein

4 mit Auslauf, Kindermenüs, kein gefährliches Umfeld

5 Paradies für Kinder, man spürt, dass sie hier willkommen sind

Preisklasse

1 eher günstig, sättigende Gerichte schon unter 20 Franken

2 mittel, sättigende Gerichte von 25–40 Franken

3 eher teuer, meist Küchenkünstler am Kochherd

Lektorat Léonie Schmid

Konzept Sabine Jäggi, FonaGrafik

Layout Stefanie von Däniken, FonaGrafik

Coverbild Romantik Seehotel Sonne, Küsnacht/Zürich

Fotos Dave Brüllmann; einige Betriebe stellten
die Bilder zur Verfügung

Digitale Bearbeitung der Bilder FonaGrafik

Druck und Bindung Kösel, Altusried-Krugzell

ISBN 978-3-03781-004-0

www.ausflug-restaurants.ch

Inhaltsverzeichnis

Mittelland | Emmental

Bern | Fribourg

Berner Oberland

Liebe Leserinnen und Leser

Im Programmteam des neuen Faro-Verlags war die Wahl des Titels für dieses Buch eine Qual. Basisdemokratisch war nicht einmal eine einfache Mehrheit zu finden, geschweige denn ein Konsens. So blieben wir eben beim Arbeitstitel «Tapetenwechsel», der uns während der Geburt des Buches immer mehr ans Herz wuchs. Hoffentlich mögen Sie den Namen leiden und er erinnert sie nicht ständig an die vielen Flecken auf der Tapete in Grossmutters Wohnzimmer.

Statt Tapetenwechsel hätte man den Guide auch «Fahrt ins Blaue» nennen können. Früher glaubte ich immer, der Ausdruck beziehe sich auf Ausflüge bei blauem Himmel und an blaue Seen. Heute weiss ich, dass er vermutlich von den Färbern kommt: Mussten Stoffe blau eingefärbt werden, dauerte das jeweils nicht einen Tag wie bei anderen Farben üblich, sondern 2 Tage. Am zweiten Tag konnten die Färber deshalb zu Hause bleiben und «blau-machen». Wenn Sie viele Betriebe, die in diesem Buch vorgestellt werden, schon im ersten Jahr kennenlernen möchten, sollten Sie sich deshalb auf «blaue Stoffe» konzentrieren.

Es war von Anfang an klar, dass die Auswahl der Häuser subjektiv sein würde. Annähernd objektiv können nur Gault-Millau und Michelin sein. Hier geht es um viel mehr als ums Essen. Es ist eine besondere Art Schweizer Reise in Gebiete, die vielleicht nicht so oft im Zusammenhang mit Geld, Macht und Liebe in den Medien auftauchen, aber oder gerade deshalb ihre natürliche Schönheit bewahren konnten. Tapetenwechsel-Wirtschaften oder Hotels stehen nur ausnahmsweise in Ballungsräumen. Schon gar nicht in den urbansten Meilen der grösseren Städte.

Dass keine Bequemfood-Restaurants Eingang in den Tapetenwechsel gefunden haben, setzen Sie sicher voraus. Wie Sie also bei Ihren Besuchen unschwer feststellen werden, kocht die Küchencrew überall selbst. Klar, es kann nicht jeder und jede ein König von Winterthur oder ein Koch im schönsten Messmerhaus der Welt sein. Hier kosten die Köstlichkeiten dann eben ein bisschen mehr.

Das Umfeld war mir aber bei der Auswahl genau so wichtig wie die gute Küche. Landschaft, Aussicht, Garten, Ambiente und die besonders aufmerksame Bedienung sind Stichworte, die bei der Auswahl mitentscheidend waren. Und wo ich mich wohlfühlte, so hoffe ich, werden auch Sie entspannte Stunden erleben. Vielleicht ist dieser Schluss etwas blauäugig, meine Selbstsicherheit scheinbar etwas überentwickelt. Wenn man aber dem Himmel etwas näher ist als üblich, einen atemberaubenden Ausblick geniessen darf und die Stille und eine intakte Natur die Menschen mit sich versöhnen, stimmt der Tipp. Der Tapetenwechsel möge Ihr treuer Begleiter auf Schweizer Reisen werden.

Alfred Haefeli

Ostschweiz

Appenzell | Thurgau | St. Gallen | Graubünden

Gastfreundschaft am Landsgemeindeplatz

Romantik Hotel Säntis, Appenzell

An manchen Tagen platzt Appenzell wegen der zahlreichen Besucher aus allen Nähten. Der kleinste Halbkanton der Schweiz ist wohl auch der bekannteste. An den farbigen Holzhäusern mit den Malereien, den unendlich vielen Restaurants, den kleinen Läden und der alles überragenden markanten Pfarrkirche kann man sich in der Tat kaum sattsehen. Wir lassen uns nach der Besichtigung im Hotel Säntis nieder, das mit seiner prächtigen Fassade direkt am historischen Landsgemeindeplatz steht.

Romantik-Hotel Säntis
Landsgemeindeplatz
9050 Appenzell
Telefon 071 788 11 11
Fax 071 788 11 10
www.saentis-appenzell.ch
info@saentis-appenzell.ch

Geschäfts-, Seminar- und Ferienhotel
Gastronomie

Familie Heeb, Gastgeber

Die landschaftliche Schönheit des Appenzellerlandes ist kaum zu überbieten. Wie Spielzeughäuser verteilen sich die kleinen Bauerngüter über die Wiesen. Das bekannteste und wohl auch meistgemalte Gehöft ist das Chrüüzgibelhuus oder Kreuzfirsthaus. Vom 18. bis 20. Jahrhundert wurden die Bauernhäuser fast ausschliesslich in dieser Art erstellt. Der Hauptort liegt in der Talmulde der Sitter, von sanften Hügeln und hohen Bergen umrahmt. Die erste Erwähnung geht auf das Jahr 1071 zurück und meint damit das Gebiet des ehemaligen «Hofes» Appenzell. Die Bewohner werden deshalb oft noch als «Hofer» bezeichnet. Heute wohnen rund 6000 Personen im Hauptort.

Mit der traditionellen Landsgemeinde (der höchsten Macht im Staat), dem Sitz der kantonalen Verwaltung und dem repräsentativen Rathaus, wo der grosse Rat jährlich fünf Mal zusammenkommt, bildet Appenzell das politische und wirtschaftliche Zentrum. Der Ort ist stark vom ländlichen Charakter geprägt, auch wenn er vereinzelt urbane Züge aufweist. Es lohnt sich, die Landsgemeinde einmal persönlich zu besuchen. Direkter geht die Demokratie nicht mehr. Hier kann jeder einzelne Bürger Kritik anbringen oder gar eine Initiative lancieren.

Saison
ganzjährig geöffnet
Betriebsferien Mitte Januar
bis Mitte Februar

Sport/Freizeit/Erholung
Einmaliges Wandergebiet
(siehe auch Themenwege),
biken, Sauna, Hallenbad,
kulturelles Angebot

Ambiente Innenräume 5
Garten, Park, Terrasse 4
kinderfreundlich 4
Preisklassen
Landsgemeindestube 1
Gourmet-Restaurant 3

Unterschriftenbogen braucht es nicht (lediglich rechtzeitig den Text dem Ratsbüro abgeben).

Wer nach so viel Landsgemeinde und Besichtigungen einen Mordshunger bekommen hat, wozu sicher auch die gute Luft auf 800 Meter Höhe beiträgt, ist im Hotel Säntis richtig. Gastronomisch und vom Ambiente her ist es erste Wahl. Der Gast hat die Möglichkeit, in der gemütlichen Landsgemeindestube im Parterre oder im Gourmet-Restaurant im 1. Stock zu essen, wo es unterschiedliche Speisekarten gibt. In der Landsgemeindestube kann aus einer Karte mit vielen lokalen Gerichten und Klassikern gewählt werden. Hier ist ein sättigendes Esssen für 20 Franken problemlos möglich. Im Gourmet-Restaurant können Menüs (bis 6 Gänge), etwas teurere Fleischgerichte oder Klassiker (Zürcher Geschnetzeltes oder Rindsfilet Stroganoff) sowie vegetarische Gerichte genossen werden.

Wer gerne ein Wochenende oder ein paar Ferientage im Appenzellerland verbringen will, kann im Hotel ein Sonderangebot buchen. Behaglichkeit und Appenzeller Gastfreundschaft sind garantiert.

HOTEL
SANTIS
Restaurant
Hotel
Landsgmendstobe

Gut aufgehoben im Toggenburg

Hotel Wolfensberg, Degersheim

Mit Freude die Türen für Gäste öffnen. So lautet der Slogan der Familien Senn, die auf dem Wolfensberg seit 1932 wirken. Hier ist nichts Künstliches, nichts Aufgemotztes, nur einfache gelebte Gastfreundschaft. Und man fühlt sich wohl im gepflegten Haus. Ganz besonders nach einer langen Wanderung in der unendlichen Weite der grünen Natur.

Hotel Wolfensberg
9113 Degersheim
Telefon 071 370 02 02
Fax 071 370 02 04
www.wolfensberg.ch
info@wolfensberg.ch

Ferien- und Seminarhotel
Gastronomie

Familien Senn,
Gastgeber

Wer in Geografie (oder Erdkunde, wie die Deutschen sagen) nicht sattelfest ist, wird wohl keinen blassen Schimmer haben, wo Degersheim liegt. Das ist kein Autobahndurchfahrtsgebiet und auch kein überlaufener Tourismusort. Zwischen dem mächtigen Säntismassiv und den Gipfeln der sieben Churfirsten, wo die Flüsse Thur und Necker ihren Lauf nehmen, da liegt das Toggenburg. Und das ist viel mehr als die Strasse von Wattwil nach Wildhaus. Nach einem Ausflug auf den Wolfensberg wird das Wissen gewachsen sein. Jedenfalls wird im obersten Teil (Unterwasser/Wildhaus) Wintersport betrieben, im mittleren und unteren Toggenburg ist vor allem Wandern angesagt.

Degersheim ist 1173 Jahre alt. Politisch gehören zur Gemeinde die Orte Magdenau und Wolferswil. Gesamthaft leben knapp 4000 Menschen hier auf 900 Meter Höhe in einer wunderbaren Landschaft. Im 19. Jahrhundert brachte die Stickereiindustrie das Dorf zum Blühen. Nach dem Niedergang der Textilindustrie wurden nach und nach mittelständische Unternehmen, vorwiegend in der Holz- und Metallindustrie, gegründet. Degersheim ist durch den ÖV hervorragend erschlossen: es liegt an der Bahnlinie St. Gallen – Wattwil. Mit dem Postauto erreicht man Flawil am einen Ende und St. Peterszell am anderen. Die Linie Flawil – Bütschwil bedient die Gemeinde ebenfalls.

Wer gerne Gebäude aus vergangener Zeit besichtigt, besucht im Ortsteil Magdenau das Zisterzienserinnenkloster (erbaut 1244), der kunsthistorisch und geschichtlich wertvollste Gemeindeteil. Vorherige Anmeldung ist Pflicht!

1685 wurde das erste Haus auf dem Wolfensberg, dem heutigen Standort, erbaut. Ende des 19. Jahrhunderts als Restaurant zur frohen Aussicht und als Landwirtschaftsbetrieb in den Büchern

Saison
ganzjährig geöffnet

Sport/Freizeit/Erholung
Sauna, Solarium, Fitnessanlage, wandern, biken, Ski nordisch und Ski alpin

Ambiente Innenräume 4
Garten, Park, Terrasse 5
kinderfreundlich 4
Preisklasse 2

erwähnt. Zu dieser Zeit wurde im Haus als Nebenerwerb auch gewoben, gesponnen und gestrickt. 1932 erwarben die Vorfahren der heutigen Besitzer das Restaurant und den Bauernbetrieb. Der Vater arbeitete als Stickereizeichnerchef im Dorf, zwei Kinder fanden durch die Übernahme des Wolfensberg Beschäftigung. Josef und Maria Senn-Felber übernahmen den Familienbetrieb nach dem Zweiten Weltkrieg. In den folgenden 20 Jahren renovierte die Familie Senn ständig, erweiterte den Betrieb, riss alte Gebäulichkeiten ab und baute Stickereisäle in Bankettväumlichkeiten um. Im Oktober 1979 wird das Gasthaus Wolfensberg zum Hotel. Die unendliche Geschichte der Erneuerung ging weiter. Es kamen Neubauten dazu, die Anfang der Neunziger Jahre auch ermöglichten, dass der Wolfensberg sich als Seminarhotel etablieren konnte.

Heute verkraftet man hier oben grosse Gesellschaften: Im Saal Wolfensberg können 180 Personen problemlos tagen, essen und feiern. Die Familien Senn legen grossen Wert darauf, dass das Familiäre erhalten bleibt. Was einmal eine einfache Bauernwirtschaft war, ist heute ein modernes Gastronomie-Unternehmen, das weit über die Region hinaus bekannt ist. Sie werden sich auf dem Wolfensberg wohlfühlen.

Ziegler's retten die Ehre Graubündens

Restaurant Ziegler's Riva, Laax

Planung ist das eine, das Ausgeführte die Wirklichkeit. Gerne hätte ich vier bis fünf lohnenswerte Ziele in Graubünden im Buch verewigt. Da die Meisterköche sich mehrheitlich geografisch etwas mehr hinten und oben niedergelassen haben, schienen mir die Anfahrtswege für die Unterländer doch zu lang. Das Riva in Laax ist eine gute Wahl: schnell erreichbar, die Gäste können zu Kuchen und Kaffee kommen und auf der grossen Terrasse ihre Kinder auf dem Spielplatz beobachten oder die Augen einfach auf dem See ruhen lassen. Die Gourmets bevorzugen das Essen in gepflegtem Ambiente. Barbara und Klaus Ziegler verstehen es ausgezeichnet, verschiedenen Ansprüchen gerecht zu werden.

Restaurant Ziegler's
Riva am See
Via Principala 95
7031 Laax
Telefon 081 921 64 64
Fax 081 921 36 98
www.zieglers-riva.ch
info@zieglers-riva.ch

Gastronomie

Barbara und Klaus Ziegler,
Gastgeber

Schon im 15. Jahrhundert genoss Laax eine grosse Autonomie. 1428 kaufte sich der Ort von der Herrschaft des Grafen Rudolf von Werdenberg frei. Die Vorfahren der heutigen Laaxer wussten ihre finanziell interessanten Rechte zu nutzen und brachten es zu Wohlstand und Ansehen. Gut erhaltene Patrizierhäuser im Dorf sind Zeuge aus dieser Zeit. Vom 19. bis Mitte des 20. Jahrhunderts bewegte sich nicht viel im Bergdorf. Es war für die meisten Einwohner ein karges Leben. Ihr bescheidenes Einkommen kam vorwiegend aus der Land- und Forstwirtschaft. Ab 1962 änderte sich das fundamental: Mit der Erschliessung des Crap Sogn Gion kam die touristische Entwicklung rasant in Fahrt. Bis heute ist kein Ende abzusehen. Viele neue Projekte sind im Bau oder im Planungsstadium. Skifahrer gehören in Laax das ganz Jahr zum Strassenbild.

Barbara und Klaus Ziegler sind vom schweizweit bekannten «Da Veraguth Carnetg» in Sagogn ins Riva nach Laax gezogen. Weder Kochunlust noch Gästeschwund waren der Grund des Um-

Saison
ganzjährig geöffnet,
je 2 Wochen Betriebsferien
April/Mai und November.
Von Mai bis November
Dienstag und Mittwoch ab
18 Uhr geschlossen

Ambiente Innenräume 4
Garten, Park, Terrassen 5
kinderfreundlich 5
Preisklassen 1, 2, 3

zugs: Das Da Veraguth wurde verkauft und in Ferienwohnungen umgenutzt. Eine unschöne Geschichte, die Klaus Ziegler aber hinter sich lassen will. Und hier in Laax sind die Voraussetzungen gut, weil sich sein Angebot nicht nur auf den Gourmetbereich beschränkt.

Das Angebot wurde der Gästestruktur angepasst. Im Dorfcafé gibt es eine kleine Karte mit preiswerten Speisen wie Bündnerteller, Gulaschsuppe oder Hörnli mit Gehacktem. Manch vornehmer Gast sitzt lieber im lebhaften Café und isst dort sein 100-Franken-Menü. Aus eins mach drei: Morgens sind Kaffee und Gipfeli gefragt, mittags bieten die Zieglers Handwerkern

und Touristen energiereiches Essen und abends dürfen sich die Gourmets mit einem Fünfgänger und einem edlen Tropfen verwöhnen lassen.

Auf der Karte im Restaurant gibt es neben zwei Gourmetmenüs verschiedenste Vorspeisen, Suppen, Fleisch- und Fischgerichte. Und selbstverständlich Naschereien für hinterher. Bei den Menüs bietet Klaus Ziegler ein variables Gourmetmenü und das beliebte Bündnermenü an. Letzteres spricht mit seinen heimischen Spezialitäten auch «Fremde» an.

Ziegler's Riva ist ein Gesamtkunstwerk, das Laax hoffentlich lange erhalten bleibt. Ich freue mich schon heute auf den nächsten Besuch.

Nur Logenplätze mit Weitsicht

Seehotel Schiff, Mannenbach

Hier im kleinen Dorf Mannenbach ist alles überschaubar. Das Klima ist wärmer und milder als vielerorts. Das Leben verläuft in ruhigen Bahnen. Der Lärm hält sich in Grenzen und der Aufenthalt am Wasser regeneriert Körper, Seele und Geist. Dies alles trifft auch auf das ästhetisch schön gebaute Seehotel Schiff zu. Das kleine Genusshotel, direkt am Untersee gelegen, ist ein Bijou für Individualisten. Es gibt den Blick frei über das Wasser und auf die ungewöhnlichen Vulkanberge des Hegau.

Seehotel Schiff
8268 Mannenbach
am Untersee
Telefon 071 663 41 41
Fax 071 663 41 50
www.seehotel-schiff.ch
info@seehotel-schiff.ch

Ferien, Seminar- und Geschäftshotel
Gastronomie

Antonio Oliveira, Gastgeber

Mannenbach gehört zusammen mit Fruthwilen zur politischen Gemeinde Salenstein, dessen Name auf das gleichnamige Schloss zurückgeht, das 1092 gegründet wurde. Auch gemeinsam ist die dreigeteilte Schicksalsgemeinschaft eines kleinen Dorfes. Nur 1250 Einwohner wohnen hier.

Die Geschichte des Seehotels Schiff kann weder auf der Homepage des Hauses noch bei Google zurückverfolgt werden. Ich versuche deshalb, die wichtigsten Fakten aus meinem eigenen Gedächtnis zu holen: Als die Schweizerische Bankgesellschaft (heute UBS) 1970 die mächtige Anlage Schloss Wolfsberg bei Ermatingen kaufte, stand in Mannenbach noch kein Hotel. In Etappen wurde die an sich schon riesige Weiterbildungsstätte renoviert und mit Neubauten ergänzt. Aus meinem Berufsalltag weiss ich, dass es von der Grösse und von den technischen Möglichkeiten her kein imposanteres Business- und Bildungszentrum in der Schweiz gibt. Ob es nur ein Gerücht ist oder den Tatsachen entspricht, weiss ich nicht: Die Chefs auf dem Wolfsberg sehnten sich nach einer Rückzugsmöglichkeit. Mit dem Bau des Seehotels Schiff in Mannenbach als Dépendance des Wolfs-

BELLINI
51

Saison
ganzjährig geöffnet,
Betriebsferien im Januar

Sport/Freitzeit/Erholung
hoteleigener Badestrand,
Liegewiese, Wasservelos,
Hotelbikes, Fitness

Ambiente Innenräume 5
Garten, Park, Terrassen 5
kinderfreundlich 5
Preisklassen 2, 3

bergs konnten sie ihren Wunsch realisieren. Später wurde das kleine Traumhotel von einem Immobilien-Investor als Schnäppchen gekauft.

Es fühlt sich wunderbar an, in den schönen Räumen verwöhnt zu werden. Sei es in der unkomplizierten «Seebeiz», wo kleine Häppchen und bodenständige Gerichte serviert werden. Oder im gepflegten A-la-carte-Restaurant für kulinarische Tafelfreuden. Dem Aussenbereich wurde bei der Gestaltung die gleiche Aufmerksamkeit geschenkt wie den Innenräumen. Gleich drei Seeterrassen laden zum Verweilen ein. Seminar- und Bankettträume ergänzen das Angebot. Das Seehotel Schiff ist bekannt für gute Tropfen. Eine Besonderheit ist wohl, dass man sich seine Flasche, wenn gewünscht, im Weinkeller selber aussuchen kann.

Wenn das Aufbrechen schwer fällt (so ein Slogan des Hotels), stehen 18 komfortable Zimmer mit Balkon und Seeblick zur Verfügung. Sie sind äusserst stilvoll eingerichtet und bieten allen wünschbaren Komfort.

Eine besondere Welt

Gasthaus zum Gupf, Rehetobel

Kennen Sie das Gegenteil von «zentral gelegen»? Gupf! Als nach dem Urknall die Welt erschaffen wurde, müssen die höheren Mächte Überstunden geleistet haben, bis dieser herrliche Ort Wirklichkeit war. Auch Tiefstapler kommen um Superlative nicht herum. Walter Klose hat alles, was der Mensch dazu tun konnte, hier oben verwirklicht. Er überlässt auch scheinbar Belangloses nicht dem Zufall und sagt selbst: Der Gupf ist die Quintessenz aller guten Dinge, die rund um den Bodensee zu finden sind.

Gasthaus zum Gupf AG
9038 Rehetobel
Telefon 071 877 11 10
Fax 071 877 15 10
www.gupf.ch
info@gupf.ch

Gasthaus mit Zimmern
Gastronomie

Walter Klose,
Gastgeber

Das Dorf Rehetobel liegt östlich von St. Gallen und südlich von Rorschach an einer wunderschönen Südhanglage. Die stattliche Gemeinde im Kanton Appenzell Ausserrhoden kann man über verschiedene Zufahrtsstrassen erreichen. Allen gemeinsam ist, dass bei der ersten Hinfahrt die Kurven kein Ende nehmen wollen. Einmal hier oben angekommen, wird man reich belohnt. Öffentliches Verkehrsmittel ist das Postauto; es bringt uns in 30 Minuten vom Bahnhof St. Gallen nach Rehetobel und fährt weiter in den Kurort Heiden. Ein Zubringerdienst von Rehetobel auf den Gupf kann organisiert werden.

Der 1083 Meter hohe Appenzeller Hügel ist einer der schönsten Punkte in der ganzen Ostschweiz. Der Blick geht nach Süden und Westen über Hügel, Weiden und Wälder bis hin zum Alpstein und die Hochalpen, nach Norden nimmt man staunend die unendlich grosse Wasserfläche des Bodensees in sich auf, die von Konstanz bis nach Bregenz reicht. Hier ist der Ausdruck «atemberaubend» wörtlich zu nehmen.

Auf dem Gupf nehmen sich die Gäste Zeit. Für die schönsten Seiten der Natur, für den Aperitif, für das köstliche Essen,

Saison
Ruhetag Montag und Dienstag
Betriebsferien:
4 Wochen im Winter und
2 Wochen im Sommer

Öffnungszeiten
11.30–15.00
18.30–24.00 Uhr

Sport/Freizeit/Erholung
spazieren, wandern,
Seele baumeln lassen,
Konzerte, Wine & Dine

Ambiente Innenräume 5
Garten, Park 5
kinderfreundlich 4
Preisklasse 3

das Walter Klose mit seiner Mannschaft auf den Tisch zaubert, für ein Dessert oder etwas ganz Besonderes vom Käsewagen: Hier gibt es eine Auswahl vom Besten, das sich in der Schweiz, in Frankreich oder Italien finden lässt. Das Weinsortiment ist ebenso beeindruckend: Es umfasst ca. 2500 Positionen und 25 000 Flaschen. Der riesengrosse Weinkeller mit seinen fünf Gewölben ist den Gästen mittels Führung zugänglich.

Wer die Wahl hat, hat die Qual. Wo soll man seinen Platz reservieren? Bodenseestube, Gupfstube, Alpsteinstube oder im Garten? Hier hilft das Internet wirklich weiter. Unter der Rubrik «Gaststuben» können alle Möglichkeiten geladen und «besichtigt» werden. Auch das Charakteristische erfährt man in wenigen Worten.

Vielleicht haben Sie sich jetzt gerade entschieden, einmal zwei oder drei Tage im Paradies auf dem Gupf zu wohnen. Übernachtungen während der Woche sind manchmal auch kurzfristig möglich. Wer aber ein Wochenende hier verbringen möchte, muss langfristig planen.

Mussestunden am Wasser geniessen

Park-Hotel Inseli, Romanshorn

Der Slogan von Romanshorn «Stadt am Wasser» gilt erst recht für das «Inseli». Abseits von Verkehrslärm und der Geschäftigkeit der Stadt, mitten in der Seeparkanlage gelegen, bietet das Haus Abstand zum Alltag. Geschäftsleute, Seminarteilnehmer, Ausflügler und Touristen fühlen sich hier wohl. An warmen und sonnigen Tagen, in lauen Sommernächten oder in der Hitze des Hochsommers sind die vielen Möglichkeiten des grossen Gartenrestaurants gefragt. Die ausgleichende Seeluft, manchmal kühlend, manchmal wärmend, sorgt für Wohlbefinden.

Park-Hotel Inseli
Inselistrasse 6
8590 Romanshorn
Telefon 071 466 88 88
Fax 071 466 88 77
www.hotelinseli.ch
info@hotelinseli.ch

Sami Debbabi,
Gastgeber

Die Stadt Romanshorn mit den fast 10 000 Einwohnern ist trotz herrlicher Lage am Bodensee und einer fast perfekten verkehrstechnischen Erschliessung mehr Geschäfts- und Industrieort geblieben. Mit den entprechenden Lenkungsmassnahmen hätte der Tourismus vielleicht gefördert werden können. Doch entschied man sich für das Sichere: 600 grössere und kleinere Betriebe mit 5200 Arbeitsplätzen. Besonders stolz sein darf Romanshorn auf seine direkte Anbindung an Deutschland. Mit der Fähre, die stündlich Autos, Fahrräder und Fussgänger nach Friedrichshafen über den See und zurück bringt, ist man mit der weiten Welt verbunden. Wer Stress, Stau und 70 Strassenkilometer nicht auf sich nehmen will, ist gut bedient.

Das Park-Hotel Inseli ist relativ jung. Gebaut in den Achtziger Jahren. So lange ich mich erinnern kann, führte die Familie Stäger das Haus, bis sie es aus Altersgründen verpachtete. Das Viersternhotel wird seit Juni 2007 von Sami Debbabi und seinem Team geleitet. Gepachtet wurde es von Sami Debbabis Davoser Hotelgesellschaft. Der heutige Chef hofft, dass er die Anlage bei Zeit und Gelegenheit käuflich erwerben kann.

Saison
ganzjährig geöffnet

Sport/Freizeit/Erholung
Sauna, Whirlpool, Hamam-Bad, Kosmetik-Studio, Fitnessraum, Schwimmbad, Minigolf, Tennis, Squash, Golf, Segelschule, Wasserski, Bootsvermietung, Kultur

Ambiente Innenräume 4
Garten, Park, Terrasse 5
kinderfreundlich 4
Preisklassen 1, 2, 3

Weil das Inseli sich für Geschäftsleute, Seminare, Feriengäste und Ausflügler gleichermassen gut eignet, ist das Management bestimmt nicht einfach. Findet doch jede Gruppe, sie sei die wichtigste. Jeder Hotelier freut sich, wenn die Restaurantgäste auch im Haus übernachten: Im Park-Hotel Inseli ist das auf hohem Niveau möglich. Es verfügt über 37 moderne, komfortable Zimmer, teilweise mit Balkon. Der Blick ins Grüne oder auf den See gehört zum Standard.

Essen und Trinken kann man in den verschiedensten Räumlichkeiten. Zum Beispiel im Panorama-Restaurant mit Blick auf See und Hafen. Hier werden auch Gäste mit kleinerem Budget oder kleinerem Hunger etwas finden. In der Rôtisserie kann etwas gehobener getafelt werden. Der Küchenchef verwöhnt die Gäste mit Fischgerichten und Spezialitäten. Auf der Gartenterrasse erwartet den Gast das ganze kulinarische Angebot. Die Porto-Bar ist Treffpunkt zum Aperitif und bietet viel Raum für Gespräche oder man kann hier den Tag bei stimmungsvoller Musik ausklingen lassen.

Für gesellschaftliche Anlässe unterschiedlichster Art, Familientreffen und Geschäftsbankette stehen der Schlosssaal, der Hydrelsaal oder die Schlosspark-Stube zur Verfügung.

Gastfreundschaft im schönsten Messmerhaus der Welt

Wirtschaft St. Pelagius, St. Pelagiberg

Ein eleganteres kleines Restaurant als das von Ruedi und Dragica Brander habe ich noch nie gesehen. Von der Sauberkeit und mit welcher Genauigkeit ein jeder Tisch gedeckt worden war, war ich überwältigt. Ruedi Brander ist nicht nur in der Küche ein Perfektionist. Alles was er entwirft, ausführen lässt, fotografiert oder organisiert ist für die Ewigkeit gemacht. Ebenso beeindruckt war ich vom neuen sechseckigen Raucherhüsli: Ein Kunstwerk, das zu mehr einlädt, als einfach Zigarren oder Zigaretten zu rauchen. Bis acht Personen können in diesem Reduit mit herrlicher Aussicht ins Grüne Feste feiern oder nicht für die Öffentlichkeit bestimmte Gespräche führen.

Wirtschaft St. Pelagius
9225 St. Pelagiberg
Telefon 071 433 14 34
Fax 071 433 14 40
www.pelagius.ch
info@pelagius.ch

Dragica und Ruedi Brander,
Gastgeber

Ob man St. Pelagiberg von St. Gallen, Gossau oder Bischofszell ansteuert oder erwandert, stets erblickt man schon von weitem den Hügel, der mit der grossen weissen Wallfahrtskirche Maria Geburt gekrönt wird. Unmittelbar daneben steht das herausgeputzte Messmerhaus, umgeben von der weiten Natur und einem gestylten Garten. Es gibt nicht viele Häuser auf diesem Hügel. Das kleine Dorf gehört zur politischen Thurgauer Gemeinde Hauptwil-Gottshaus. Weil ich etwas stolz bin auf meine Erdkunde-Kenntnisse, war ich natürlich enttäuscht, als Ruedi Brander mich belehren musste: «Hier ist Thurgau, auf der anderen Seite der gemächlich fliessenden Sitter unterhalb des Dorfes ist St. Gallen!»

Die Kirche ist, entgegen der Meinung vieler, nicht dem Märtyrer Pelagius geweiht, sondern der Jungfrau und Gottesmutter Maria. Hinter der Kapelle und der Wirtschaft St. Pelagius lädt der Kreuzweg der Wallfahrtskirche zu einem Spaziergang vor oder nach dem Essen ein. An den einzelnen Stationen wird auf Tafeln der Leidensweg Christi nachgezeichnet.

irtschaft St. Pelagius

Saison
ganzjährig geöffnet,
Montag und Dienstag Ruhetag

Ambiente Innenräume 5
Garten, Park, Terrasse 5
kinderfreundlich 3
Preisklassen mittags 2
abends 3

St. Pelagiberg muss ein Kraftort sein. Trotz langer Autofahrt und vielen Besuchen in der Ostschweiz fühlte ich mich bei Branders sehr entspannt. Das sind die Gäste auf jeden Fall, wenn sie sich ganz auf das Wesentliche, nämlich die fantastische Küche von Ruedi Brander konzentrieren. Er arbeitet mit ruhiger, präziser Hand. Die qualitativ hochstehenden Produkte verarbeitet er so, dass das Charakteristische erhalten bleibt, ja noch hervorgehoben wird. Er verzaubert mit seinem markt- und gartenfrischen Angebot die Gaumen seiner anspruchsvollen Gäste. Der berühmte Weinkeller, der schon öfter in Gourmet-Specials vorgestellt wurde, bringt selbst Kenner zum Staunen.

Ruedi Brander hält übrigens einen Gault-Millau-Rekord: Seit 17 Jahren hat er 17 Punkte. 18 Punkte möchte er nicht bekommen. Das Medienecho und die zu erwartende Unruhe braucht er nicht. Hier kann sowieso nur essen gehen, wer einen Tisch reserviert hat. Zwei Jahre warten wie noch vor kurzem beim spanischen Molekularkoch muss aber niemand.

An schönen Tagen geniesst man die Köstlichkeiten bei uneingeschränktem Komfort am liebsten im Gartenrestaurant. Die Aussicht ins Grüne beruhigt Seele, Körper und Geist. Vielleicht pilgert der eine oder andere Tapetenwechsler demnächst nach St. Pelagiberg, nicht nur wegen der Wallfahrtskirche.

Die Füsse im Wasser schwenken

See & Park Hotel Feldbach, Steckborn

Vielleicht ist es die mediterrane Athmosphäre. Oder sind es die über 700 Jahre alten Gebäude der Zisterzienserinnen, die diese Oase der Ruhe am Untersee zu einem ganz besonderen Kraftort machen? Näher am Wasser geht fast nicht. Jedenfalls kenne ich keinen Ort, der den Gast so direkt mit dem Wasser verbindet wie hier im Feldbach. Mitten in einem Park gelegen, bietet es sich für Individualgäste, Gesellschaften, Seminare und Tagungen gleichermassen an. Die historischen Plenarsäle mit den dazu im Kontrast stehenden modernen Räumlichkeiten regen den Geist an.

See & Park Hotel Feldbach
The Resort Hotel at the lake
8266 Steckborn
Telefon 052 762 21 21
Fax 052 762 21 91
www.hotel-feldbach.ch
info@hotel-feldbach.ch

Geschäfts-, Ferien- und Seminarhotel
Gastronomie

Marco A. Gaido, Gastgeber

Im Jahre 1313 gelang es dem Abt Diethelm von Kastell, von Kaiser Heinrich VII für Steckkborn das Stadtrecht zu erlangen. Das geschlossene Stadtbild wurde aufgrund einer geplanten Bebauung erreicht. Wichtige alte Bauten stehen unter Denkmalschutz. Die Stadt ist im Bundesinventar der wertvollen Ortsbilder enthalten. Dass das nicht nur graue Theorie ist, beweisen die vielen Besucher, die Jahr für Jahr hierher kommen, um an der Historie zu schnuppern. Als 1848 das Zisterzienserinnenkloster Feldbach aufgehoben wurde, konnten die Gewerbebetriebe der klösterlichen Anlage neu genutzt werden. Es entstanden auch erste Industrieanlagen: So lancierte zum Beispiel Friedrich Gegauf die Produktion der ersten Nähmaschine der Welt (Hohlsaum). Daraus ist die Erfolgsgeschichte «Bernina» entstanden.

Bei der kleinen Grundlagenforschung erfahren wir, dass das Feldbach bei der Entwicklung der Stadt und der Region miteingeschlossen war. Im Jahre 1252 überschrieb Kuno von Feldbach einer Schwesternvereinigung aus Konstanz die Burg mitsamt Feldern und Weinberg. Die einziehenden Schwestern lebten

nach den strengen Regeln der Zisterzienserinnen. Ende des 18. Jahrhunderts beginnt der Niedergang: Die St. Nikolauskapelle wird abgebrochen, der Kanton hebt das Kloster auf. Die Stadt Steckborn kauft Land, Kirche und Klostergebäude. Im 20. Jahrhundert wird im Feldbach 50 Jahre lang Kunstseide produziert. Zeitweise finden über 1000 Menschen eine Beschäftigung.

Vor dreissig Jahren begann hier vor der Stadt ein neues Zeitalter. Ein Bootshafen für 270 Schiffe wurde gebaut, eine Sport- und Mehrzweckhalle eröffnet. Im Jahre 1986 kann das Hotel mit Gastronomie und Ausbildungszentrum feierlich eingeweiht

Saison
ganzjährig geöffnet, Betriebsferien Weihnachten / Neujahr, Januar

Sport / Freizeit / Erholung
joggen, reiten, Golf, Bodenschach, hoteleigene Bikes, alle Wassersportarten, Sauna, Tennis, Vita-Parcours, fischen

Ambiente Innenräume 4
Garten, Park, Terrasse 5
kinderfreundlich 4
Preisklasse 2

werden. Mitte der Neunziger Jahre wird die Anlage renoviert, ausgebaut und als See & Park Hotel Feldbach neu eröffnet.

Die Mussestunden können die Gäste im Feldbach auf vielfältige Art und Weise geniessen: Bei schönem Wetter bietet sich die Sonnenterrasse an. Im heimeligen Restaurant lässt sich gemütlich tafeln, diskutieren, lesen oder einfach nur sein. In der historischen Turmbar genehmigen sich einige einen Drink, die Cheminée-Lounge bietet sich für ein Tête-à-tête oder für ein erstes Date an. Etwas sentimental werden wohl die meisten, wenn das Abendrot am Horizont erlischt, der Mond den See silbrig erleuchtet und die Wellen dazu rhythmisch leise Musik machen.

Das See & Park Hotel Feldbach hat kulinarisch einiges zu bieten. Was liegt näher als Fisch? Neben zahlreichen Fischgerichten werden auch Fleischklassiker wie Kalbsleber, Cordonbleu und Rindsfilet serviert. Am Mittag gibt es preiswerte kleine Menüs, wie sie mittlerweile vielerorts im ganzen Land angeboten werden. Die Kulturwelt Feldbach können also auch jene besuchen, die nicht über das entsprechende Spesenbudget verfügen.

Wer am Abend lieber im Feldbach bleibt als nach Hause fährt, dem steht eines der 36 Balkon-Zimmer mit allem Komfort zur Verfügung. Und am Morgen wartet ja das lukullische Frühstücksbuffet.

Drei Restaurants unter einem Dach

Erlebnis Waldegg, Teufen

Seit über 60 Jahren sind die Dörigs nun auf der Waldegg. Die Besitzer garantieren eine familiäre Atmosphäre für die Mitarbeiter wie auch für die Gäste. Dass dies nicht einfach eine Marketingidee ist, spürt man im Alltag. Die Wirtsleute bauten in den vergangenen Jahren die Erlebnis-Gastronomie aus: Neben dem Restaurant Waldegg entstanden der «Schnuggebock», der «Tintelompe» und «Tante Emmas Ladebeizli».

Erlebnis Waldegg
Äussere Egg (zwischen Teufen und Speicher)
9053 Teufen
Telefon 071 333 12 30
Fax 071 333 46 61
www.waldegg.ch

Restaurant, Schnuggebock, Tante Emmas Ladebeizli, Tintelompe, Gartenrestaurant

Anita und Chlaus Dörig, Gastgeber

Zwischen Teufen und Speicher (AR) führt eine schmale Strasse hoch auf den bekannten Eggen-Höhenweg – ein Wanderweg zwischen Lustmühle und Vögelinsegg mit einer atemberaubenden Aussicht auf den Bodensee zur einen – das Alpstein-Massiv zur anderen Seite. Wer dem Wegweiser zur Waldegg die schmale Strasse hinauffolgt, wird in eine andere Welt entführt.

Gleich beim Haupteingang thront Charly der Vierte über seinem Zwergziegen-Harem, und nicht umsonst wähnt man sich sofort auf einem veritablen Appenzeller Gehöft: Der Schnuggebock hat seinen Namen von den Heidschnucken (Schafen) entlehnt, die sich auf der Weide nebenan herumtollen. Aus dem Holz alter Bauernhäuser wurden detailgetreu die Räume eines traditionellen Appenzeller «Hemetli» der 1930-er Jahre nachgebaut und laden zum gemütlichen Verweilen in einer Zeit jenseits von Hektik und Alltagssorgen ein. Dass die Gäste dabei nicht nur in der heimeligen Stube, sondern auch in der Küche oder im Stall mit direktem Blick auf die Tiere untergebracht werden, gehört zu den Höhepunkten im Schnuggebock.

Die Wirtsleute Anita und Chlaus Dörig führen die Waldegg seit 1982 in zweiter Generation und haben sie seither konsequent

Saison
ganzjährig geöffnet
Montag Ruhetag

Sport / Freizeit / Erholung
wandern, biken,
Tiere, Buredörfli

Ambiente Innenräume 3
Garten, Park, Terrasse 5
kinderfreundlich 5
Preisklassen 2, 3

zu einem Ausflugsziel mit einem abwechslungsreichen, traditionellen kulinarischen Angebot ausgebaut. Der hohe Erlebniswert der Waldegg zieht alle an: Einheimische und Fremde, Junge und Alte, Bauern und Professoren.

Für Gruppen zwischen 15 und 30 Personen bietet sich der «Tintelompe» an, ein Schulzimmer aus der alten Zeit. Hier wird eine spitzbübische Schulstunde der besonderen Art abgehalten. «Tante Emmas Ladebeizli» vervollständigt den Ausflug in die besondere Appenzeller Welt oberhalb von Teufen. Bei schönem Wetter lädt die Terrasse mit dem breiten Panoramablick auf das Alpsteinmassiv mit Säntis ein.

Das Gespann mit den beiden Ochsen Fritz und Falk kann für (Apéro-)Rundfahrten genutzt werden und gleich neben dem Spielplatz kommen im Streichelzoo mit Meerschweinchen und Kaninchen auch die Kleinen auf ihre Kosten.

Das Erlebnis Waldegg hält, was es verspricht und wer einmal von der urchigen Appenzeller Welt in ihren Bann gezogen wurde, kommt immer wieder gerne hierher zurück.

Ort der Begegnung und der Kultur

Kartause Ittingen, Warth

Die Kartause Ittingen ist ein ehemaliges Kartäuser Kloster und ein Ort mit einer über 800 Jahre alten Geschichte. Sie zählt nicht nur zu den wichtigsten Kulturdenkmälern der Ostschweiz, sondern ist seit der vollständigen Restaurierung und Renovation und der Wiedereröffnung im Jahre 1982 eines der interessantesten Kultur- und Begegnungszentren der Schweiz. Durch die klösterliche Vergangenheit geprägt, fühlt sich die privatrechtliche Stiftung den Werten Gastfreundschaft, Fürsorge, Selbstversorgung, Bildung und Begegnung, Spiritualität und Pflege der Kultur verpflichtet.

Stiftung Kartause Ittingen
8532 Warth bei Frauenfeld
Telefon 052 748 44 11
Fax 052 748 44 55
www.kartause.ch
info@kartause.ch

Hotel und Begegnungszentrum, Ittinger Pfingstkonzerte, Ittinger Sonntagskonzerte, Kunstmuseum Thurgau, Ittinger Museum, tecum – evangelisches Bildungs- und Begegnungszentrum, Gutsbetrieb, Käserei, Weinbau, Klosterladen, Wohnheim für betreute Mitarbeiter, Gastronomie

Im Jahre 1150 wurde das Kloster gegründet. Albert von Ittingen wird erster Augustiner-Probst. Der heilige Laurentius wird Schutzpatron. 300 Jahre später wird die gesamte Klosteranlage an den Kartäuser-Orden verkauft. Im 16. Jahrhundert wird die Kartause im «Ittinger Sturm» gebrandschatzt und zerstört. Kurze Zeit später, ermöglicht durch ein grosszügigs Legat, erfolgt der Wiederaufbau. Bei der Gründung des heutigen Bundesstaates 1848 musste das Kloster aufgehoben werden. Eine Familie Fehr kauft die Klosteranlage und betreibt während 100 Jahren Landwirtschaft und Weinbau. In den Jahren 1977 bis 1983 übernimmt die Stiftung «Kartause Ittingen» das grosse Anwesen und rettet das Kloster vor dem Zerfall. Die Klosteranlage wird gesamterneuert. 2008/09 erfolgte eine weitere Umbauetappe. Das Restaurant wurde komplett erneuert und die Hotelzimmer und das Gästehaus der betreuten Mitarbeiter renoviert.

Zur Kartause Ittingen gehören ein Hotel mit zwei Gästehäusern. Dank der Integration in die Klosteranlage können die Besucher die Stille erleben und den Atem der Natur spüren. Der Gastro-

Thomas Jann,
Hotelдirektor und Gastgeber

Saison
täglich geöffnet,
Weihnachten/Neujahr
geschlossen

Sport/Freizeit/Erholung
Kegelbahn, Gartenschach, Mühle, Baden in der Thur, Velo-, Jogging- und Wanderwege vor den Klostertoren, Erlebnis-Waldrundgang, Rosengarten, Labyrinth, Raum der Stille, Degustationen und Führungen

Ambiente Innenräume 5
Garten, Park, Terrasse 5
kinderfreundlich 4
Preisklasse 2

nomiebetrieb mit Restaurant und einer idyllischen Gartenwirtschaft verwöhnt die Gäste mit liebevoll zubereiteten Speisen, deren Produkte zum allergrössten Teil aus eigener Produktion stammen. Beeindruckend im Restaurant ist das grosse Mühlerad von 1870, welches für eine besondere Atmosphäre sorgt.

Mit 70 Hektaren Kulturland, 32 Hektaren Wald und einer Alp im Toggenburg für die Sömmerung der Rinder ist der Gutsbetrieb einer der grössten im Kanton Thurgau. Auf rund 8 Hektaren sind Rebberge angelegt. Die Trauben werden nach der Lese in der eigenen Weinkellerei zu bekannten und beliebten Weinen gekeltert. Die Sorten in Stichworten: Müller-Thurgau, Seyval blanc, Pinot gris und spezielle Blauburgunder-Sorten. Dann Maréchal Foch, Foch Barrique und Schaumwein Fortunatus. Alle Produkte können im Klosterladen gekauft werden.

Zur Selbstversorgung gehört selbstverständlich auch der Käse. In der eigenen Käserei wird ausschliesslich hofeigene Milch (450 000 kg pro Jahr) zu 5 Käsesorten, Joghurt, Butter, Rahm und Pastmilch verarbeitet. Dass auch eigener Hopfen geerntet wird, verwundert nun wohl niemand mehr. Auf rund 200 Aren

wird Hopfen angebaut. Er ist ausschliesslich für das Ittinger Klosterbräu bestimmt und vermag den gesamten Bedarf abzudecken.

Vor oder nach dem Essen gibt es dutzendweise Möglichkeiten, je nach Interessenslage, sich mit der Kunst, der Kultur, der Spiritualität und der Natur zu beschäftigen. Es seien hier stellvertretend die Klosterkirche, das Ittinger Museum, das Kunstmuseum Thurgau, das begehbare Labyrinth, der Raum der Stille, die Kräuter- und Heilpflanzengärten und die Rosengärten mit über 200 verschiedenen Rosensorten erwähnt.

Weitere 100 Jahre schönste Aussicht

Restaurant Thurberg, Weinfelden

Hoch über dem Thurtal, über den eigenen Rebbergen gelegen, thront das Restaurant Thurberg von Jrene und Daniel Franz. Seit mehr als 100 Jahren und seit 5 Generationen wirken hier einfache, bodenständige Wirtsleute. Die Gäste lassen sich gerne mit kreativen Küchenkreationen verwöhnen, um zwischen den Gängen immer wieder die grandiose Aussicht zu geniessen. Ein paar Stunden hoch über dem Alltag genügen, um Körper, Seele und Geist zu regenerieren.

Restaurant Thurberg
8570 Weinfelden
Telefon 071 622 13 11
Fax 071 622 13 68
www.thurberg.ch
rest.thurberg@bluewin.ch

Gastronomie, Weinbau

Jrene & Daniel Franz-Breitenmoser, Gastgeber

Weinfelden, eine Stadt mit 10 000 Einwohnern, will wie viele andere grössere Orte in der Schweiz eine Gemeinde bleiben. Zwischen Bodensee und Alpsteinmassiv in einer sanften Hügellandschaft eingebettet, hat Weinfelden trotz wachsender Industriezone mit modernen Fabriken und vielen neuen Mehrfamilienhäusern wenig vom ländlichen Charakter eingebüsst. Das mag daran liegen, dass die in alle Himmelsrichtungen gehenden Strassen sich im Grünen verlieren. Quivelda, wie Weinfelden in einer Schenkungsurkunde von 823 an das Kloster St. Gallen genannt wurde, erlangte erst 1798 historische Bedeutung, als die thurgauische Befreiungsbewegung auf dem Weinfelder Rathausplatz ihren Anfang nahm. Bis heute ist Weinfelden «heimliche Hauptstadt» geblieben. Selbst der Grosse Rat des Kantons Thurgau hält seine Sitzungen im Winterhalbjahr hier ab.

Ende des 19. Jahrhundert kaufte Julius Häberlin das Landgut Thurberg mit dem Rebleutehaus des ehemaligen Schlosses Thurberg. Er ergänzte die Siedlung mit einer grossen Scheune. 1909 baute sein Sohn den heutigen Thurberg als Wohnhaus und Wirtschaft und eröffnete diesen im Jahre 1910. Im Jahre 1934

Hennessy

THUR
BERGER
BARRIQUE

Saison
ganzjährig geöffnet
(kurze Winterpausen,
s. Internet)
Montag und Dienstag
Ruhetag

Sport/Freizeit/Erholung
wandern, biken, Natur

Ambiente Innenräume 3
Garten, Park, Terrasse 5
kinderfreundlich 5
Preisklasse 2

übernahmen seine Tochter Olga und sein Schwiegersohn Franz Breitenmoser Restaurant und Landgut. Ihr Sohn Hansruedi mit Gattin Alice übernahmen den Betrieb 1971. Sie bauten in Ergänzung zur Wirtschaft einen grossen Saal und renovierten die übrigen Räumlichkeiten. Die Terrasse wurde erneuert und bekam ein Sonnendach. Der Thurberg hat damit sein stattliches Aussehen bekommen und ist zu einem gern besuchten Ausflugsrestaurant geworden. Alice und Hansruedi Breitenmoser wohnen noch heute auf dem Thurberg und freuen sich, wenn sie angesprochen werden.

Im Jahre 1995 hat die jüngste Generation mit Tochter Jrene und Gatte Daniel Franz den Gastronomiebetrieb übernommen und gleich renoviert. Die Küche wurde den heutigen Anforderungen angepasst. Die Familie Franz pflegt eine kreative Marktküche mit Saisonprodukten. Sie sind Mitglied der Schweizer Gilde etablierter Köche, wo sie sich mehr zu Hause fühlen als im etwas abgehobenen Kreis der Gault-Millau-Familie.

Am Mittag werden drei günstige Menüs angeboten, inklusive Suppe und Salat. Die Spezialmenüs verdienen die besondere Aufmerksamkeit der GeniesserInnen. Hier ein Beispiel, wie die Region geehrt wird: Thurgauer Lumpensalat – Rieslingsuppe vom Untersee – Hechtklösschen mit Fischrahmsauce und Reis – Zitronensorbet oder Schweinsfilet mit Haselnüssen und Salbei, Gemüse und Kartoffelgnocchi – Orangenmousse mit Brownies. Die ganze lukullische Verführung ist für 76 Franken zu haben!

Speisen kann man im Restaurant, im grossen Saal, auf der gedeckten Terrasse oder in der grossen Gartenwirtschaft unter den ausladenden Kastanienbäumen. Viel Auslauf haben die Kinder, die hier oben keinen Gefahren ausgesetzt sind.

Der Thurberg keltert auch eigenen Wein vom höchstgelegenen Rebberg des Thurgaus. Der «Ottoberger» wird selbstverständlich gerne «über die Gasse» verkauft.

Der Sternekoch im Kleinod zwischen Wald und Flur

Restaurant Heuwiese, Weite-Wartau

Schade, dass ich die Heuwiese nicht persönlich besuchen konnte. Es ist die einzige Empfehlung in diesem Buch, bei der ich mich zu hundert Prozent auf die vielen Kritiker und Journalisten verlasse, die über Martin Real geschrieben haben. Und das sind eine ganze Menge und sie haben ihn fast ausnahmslos in den Gastronomie-Himmel gehoben: «Heuwiese! Von allem nur das Beste und das ganz selbstverständlich. Martin Real zelebriert in der Heuwiese die Haute Cuisine nicht, er kocht sie einfach. So schön hätte ich es nicht sagen können.

Restaurant Heuwiese
9476 Weite-Wartau
Telefon 081 783 10 55
Fax 081 783 31 86
www.restaurantheuwiese.com
info@restaurantheuwiese.com

Gastronomie

Martin Real,
Gastgeber

Weite, Azmoos, Oberschan und Trübbach bilden gemeinsam die politische Gemeinde Wartau, die es als Ort gar nicht gibt und nun doch eine «kleine Stadt» mit 5000 Einwohnern ist. Mir scheint dies ein zukunftsweisendes Modell zu sein, scheitern doch viele Gemeindefusionen an den liebgewordenen Dorfnamen, die plötzlich in einem anderen aufgehen sollten. Wartau ist also eine Burg respektive eine Ruine, welche dem politischen Gebilde ihren Namen gab. Erstmals vor 750 Jahren erwähnt, wechselte sie ungewöhnlich oft die Besitzer. 1517 kaufte der Stand Glarus die Burg und das Dörfchen Gretschins samt Kirche und nannte das Ganze «Herrschaft Wartau». Ein paar zusätzliche Einwohner hätten die Glarner nach Gründung der heutigen Schweiz gut gebrauchen können. Wie man weiss, kam alles anders.

Leider ist über die Geschichte der Heuwiese wenig bis nichts dokumentiert. Sollte in späteren Jahren ein Erinnerungsbuch über den berühmten Rheintaler Kochkünstler erscheinen, kann dies dann nachgeholt werden. Martin Real fällt in vieler Hinsicht aus dem Rahmen: auf der Homepage spart er mit

Saison
Weihnachten und Neujahr geschlossen, Betriebsferien 2 Wochen im Oktober

Öffnungszeiten
Dienstag bis Samstag

Ambiente Innenräume 5
Garten, Park, Terrassen 5
kinderfreundlich 4
Preisklassen 2, 3

Worten, zeigt aber unglaublich viele, qualitativ hochstehende Bilder. Man bekommt den Eindruck, dass sich dieser Mann sehr gut auf das Wesentliche konzentrieren kann. Die Speisekarte passt auch gut in dieses Bild. Was darf es sein?, steht als Titel. Die Gerichte werden so benannt wie sie heissen. Und die gedichtähnliche Präsentation bis hin zum verwendeten Öl lässt er einfach weg. Beispiel gefällig? Ganze Ente für zwei Personen in zwei Gängen. Die Testesser akzeptieren scheinbar die einfache Sprache.

Und so beschreibt der Chef sein Reich: «Die Heuwiese ist mehr als ein Restaurant. Es ist ein Refugium jenseits des Alltags, fernab von Stress und Hektik, weit weg von Zeit-ist-Geld. Ein Kleinod der Begegnung, der Musse und des Seins. Die malerische Umgebung zwischen Wald und Wiese mit Forellenteich empfängt die Gäste zu einer Reise zu sich selbst.» Macht Lust aufs Hingehen.

All die köstlichen Speisen kann man im Restaurant mit gepflegtem Ambiente, auf der Galerie bei offenem Feuer und romantischem Kerzenlicht, im grossen Garten vor oder hinter dem Restaurant oder im Gartenpavillon geniessen. Der Pavillon bietet bis zu 130 Gästen Platz und eignet sich deshalb auch bestens für gesellschaftliche Anlässe.

Über die Küche von Martin Real schreiben viele. Manchmal sind sie etwas pingelig, als handelte es sich hier um eine Olympiade der Weltelite. Hier wird naturnah gekocht und die Produkte mit Ausnahme der Gans, die aus England kommt (habe ich irgendwo gelesen), sind aus der Nachbarschaft oder aus dem eigenen Reich. Martin Real pflegt die gehobene klassische Schweizer Küche. Hin und wieder blitzt das Italienische durch.

Sogar der Säntis hat seine Papiere im Toggenburg

Hotel Stump's Alpenrose, Wildhaus

Hier ist das Toggenburg am schönsten. Ob die Gäste im Restaurant oder im Garten das naturnah zubereitete Essen geniessen, am Kachelofen einen Krimi lesen, sich im Wohlfühlbereich entspannen, an der Bar einen Schlummertrunk geniessen oder einfach im Zimmer nichts tun: Das Toggenburg begegnet ihnen auf Schritt und Tritt. Einheimische Hölzer schaffen die Umgebung, in der die über vier Generationen gewachsene Gastfreundschaft Traditionelles mit Modernem verbindet. Stump's Alpenrose liegt über dem Dorf am Schwendisee, wo die Natur grosszügig viel mehr gibt, als der Mensch zum Leben braucht. Sogar der Säntis ist ein Toggenburger, geht die Kantonsgrenze doch mitten durch das Restaurant auf dem Gipfel.

Hotel Stump's Alpenrose
Am Schwendisee
9658 Wildhaus
Telefon 071 998 52 52
Fax 071 998 52 53
www.stumps-alpenrose.ch
info@stumps-alpenrose.ch

Birger und Roland Stump,
Gastgeber

Um das Jahr 1200 wurde durch die Herren Sax die Wildenburg, auch das «Wilde Huus» genannt, erbaut. Das Dorf verdankt den einprägsamen Namen also dieser Burg. Anfang des 14. Jahrhunderts wurden grössere Teile des Gebiets «Wildenburg» an die Grafen von Toggenburg verkauft. 1439 bildete Wildhaus ein eigenes Gemeinwesen mit vielen Freiheiten. Heute leben 1200 Menschen im Dorf.

Am Neujahrstag 1484 wurde in Wildhaus eine sehr bekannte Persönlichkeit geboren: Huldrych Zwingli. Sein Vater war Gemeindeammann und Bergbauer und besass reichlich Grundbesitz. Bekannt wurde der Pfarrer aus dem Toggenburg, als er in Zürich seine Tätigkeit als Reformator aufnahm. Daneben predigte er am Grossmünster. Das war die Gründungszeit der evangelisch-reformierten Landeskirche der Schweiz. Zwingli starb mit 48 Jahren im Kappeler Krieg. Er hatte die Zürcher als Feldprediger begleitet.

Nicht ganz so weit zurück geht die Geschichte der Alpenrose. 1883 kauft Stump's Urgrossvater Anselm eine abgebrannte Liegenschaft am Schwendibach und baute für seine Familie mit 9 Kindern Wohnhaus und Stall sowie eine kleine «Stickerei», in der die Grossfamilie kleinere Aufträge für die St. Galler Stickereien ausführte. Stump's Grossvater Anton übernahm das Anwesen und baute eine Sägerei dazu. Die wirtschaftliche Situation am Schwendisee verbesserte sich für die Familie und die Nachbarn. Zum Aufwärmen und für die Verpflegung wurden in der Stickerei zwei Tische aufgestellt; das war der Anfang der Wirtschaft zur Alpenrose. Nach dem tödlichen Unfall von Anton übernahm sein Sohn Niklaus, ein Spitzensportler, den Betrieb. Als dieser an der Olympiade in St. Moritz anno 1948 den 4. Rang in der Vierer-Kombination gewann, entschloss er sich spontan, das Gasthaus zur Alpenrose in ein Hotel umzubauen. Damit war das Hotel Alpenrose geboren.

Saison
365 Tage offen

Sport/Freizeit/Erholung
Fitness-Center, grosses Wellness-Zentrum, Tischfussball, Gartenschach, Tischtennis, alle Sommer- und Wintersportarten sind in nächster Umgebung möglich

Ambiente Innenräume 4
Garten, Park, Terrasse 5
kinderfreundlich 5
Preisklassen 1, 2

1984 traten die heutigen Hoteliers, Birger und Roland Stump in die Firma ein, nachdem sie eine fundierte Ausbildung im Hotelfach abgeschlossen hatten. Gleich noch im ersten Jahr realisierten sie zusammen mit ihren Eltern das bisher grösste Aus- und Umbauprojekt in der Geschichte. Von da an war das Haus auch ein Seminarhotel. Mit im Team war schon bald Marlise Stump, Gattin von Birger Stump (s. Foto oben). In den folgenden Jahren wurde die Hotelanlage ständig vergrössert und sie bekam auch eine Wellness-Anlage. Man kann auch einen «Wohlfühltag» buchen. Im Internet erfährt man alles über die hoteleigenen Aktivitäten.

Bei so viel Geschichte ist nun die Küche, das Herzstück in Stump's Alpenrose, zu kurz gekommen. Die Frischküche trägt die Handschrift von Küchenchef Erich Roten, der mit seinem 15-köpfigen Team am Kochherd steht. Am besten testen die Gäste den täglichen Viergänger, das Vitalmenü und die stets grosse vegetarische Auswahl selbst.

Walensee | Zürich | Schaffhausen

Tafeln in historischen Mauern wie auf einem Schiff

Hotel Restaurant Alte Rheinmühle, Büsingen

Wer einen Ausflug nach Deutschland machen will und dabei Schweizer Boden nicht verlassen möchte, fährt nach Büsingen. Die deutsche Exklave ist nur zwei Kilometer von Schaffhausen entfernt. Direkt am Ufer des Rheins liegt der fast 350 Jahre alte Gasthof, wo gutes Essen serviert wird und schöne Zimmer zum Schlafen auf Gäste warten. Schöner als der heutige Pächter Andreas Fischer könnte ich es auch nicht sagen: «Lassen Sie sich verführen zu einem traumhaft-sinnlichen Erlebnis an den Ufern des Rheins. In alten Mauern, belebt durch Menschen, die es sich zur Aufgabe gemacht haben, Gäste nach allen Regeln der Gastlichkeit zu verwöhnen.» Und dies ist an 365 Tagen im Jahr möglich.

Hotel Restaurant Alte Rheinmühle
Junkerstrasse 93
8238 Büsingen
Telefon 052 625 25 50
Fax 0049 7734 931 9940
www.alte-rheinmuehle.ch
hotel@alte-rheinmuehle.ch

Andreas Fischer, Gastgeber

Das deutsche Dorf Büsingen, ganz von der Schweiz umgeben, ist ein beliebtes Ziel von Schweizern und Deutschen. Hier kann man einkehren und übernachten, in der Büsinger Bergkirche ein Konzert besuchen, inmitten einer naturbelassenen Umgebung spazieren oder einfach nur ein paar gemütliche Stunden die schöne Landschaft geniessen.

In der alten Rheinmühle wirtete jahrzehntelang Fredy Wagner. Ein etwas besetzter Mann, der für sein Entrecôte Café de Paris und feine Salatsaucen berühmt war. Dies sagt jedenfalls ein NZZ-Journalist, der ihn persönlich kannte und verehrte. Als Kind fuhr seine Familie jeweils nach Büsingen, wenn es etwas zu feiern gab. Im Jahre 1996 setzte sich Fredy Wagner zur Ruhe. Nach dieser langen erfolgreichen Zeit fiel die Rheinmühle in einen Dornröschenschlaf. Im Jahre 2004 kehrte wieder Leben ein. Der heutige Pächter Andreas Fischer renovierte das alte Gasthaus und machte es wieder zum Treffpunkt der Feinschmecker.

alti
Rhy-Mülli

Saison
365 Tage offen

Ambiente Innenräume 5
Garten, Park, Terrasse 5
kinderfreundlich 3
Preisklasse 2

Der ursprüngliche Charakter des Restaurants blieb erhalten. Besonders zu erwähnen sind die wertvolle Holzdielendecke über massiven Stützpfeilern, ein schönes offenes Kamin und die authentische Einrichtung. Vom Frühling bis in den späten Herbst kann man sich unter Kastanien- und Platanenbäumen im Garten verwöhnen lassen. Natürlich direkt am Rhein und mit Blick auf das gegenüberliegende Naturschutzgebiet.

Der Schwerpunkt der Speisekarte liegt auf den klassischen Gerichten. Hier setzt Andreas Fischer wohl die Tradition des Hauses fort. Die Küche arbeitet ausschliesslich mit marktfrischen Produkten und achtet sehr auf das saisonale Angebot. Dass Schweizer Tester einen deutschen Wirt und seine Küchencrew beurteilen, ist wohl ein Unikum. Jedenfalls überzeugte sie die Qualität und die Kreativität der Köche: Die Rheinmühle bekommt in der Ausgabe 2010 einen Punkt mehr, also 14 statt 13 Punkte.

Nicht vergessen wollen wir die schönen Zimmer, sechzehn an der Zahl, die mit antiken Möbeln aus dem 17. und 18. Jahrhundert «geschmückt» sind. Ein Einzelzimmer ist für 140 Franken, ein Doppelzimmer für günstige 180 Franken und eine Suite für 290 Franken zu haben.

Hoch über dem Alltag werden Leib und Seele verwöhnt

Erlebnishotel Römerturm, Filzbach

Glarnerland macht schön. Der geschützte Slogan, offenbar bei der revolutionärsten Gemeindefusion der Schweiz geboren, trifft ganz sicher auf den 300 Meter über dem Walensee gelegenen Tourismusort Filzbach zu. Und hier, an einmaliger Lage ohne jedes störende Bauwerk, steht der Römerturm. Zu den Kernkompetenzen des Hauses gehören Seminare und gesellschaftliche Anlässe. Weil die Küche von Jahr zu Jahr besser wird, lohnt sich der kleine Umweg über den Kerenzerberg aber sicher auch für Tapetenwechsler. Rosmarie und Willi J. Gmür tun alles, damit die Gäste noch schöner werden.

Seminar- und Erlebnishotel Römerturm
8757 Filzbach
Telefon 055 614 62 62
Fax 055 614 62 63
www.seminarhotel.com
roemerturm@seminarhotel.com

Geschäfts-, Seminar- und Ferienhotel
Gastronomie

Rosmarie und Willi J. Gmür, Gastgeber

Filzbach, auf der Terrasse des Kerenzerberges gelegen, ist mit 500 Einwohnern ein mittelgrosses Glarner Dorf. Dies wird sich am 1. Januar 2011 komplett ändern, wenn es politisch nur noch drei Glarner Einheitsgemeinden gibt. Filzbach wird zu «Glarus Nord» gehören. Die sehr schöne Wohn- und Aussichtslage machen das Dorf zu einem Bijou. Und die Blechlawinen sind hier ein Fremdwort, obwohl man nachts die Lichterketten der Autos in der Linthebene gut sehen kann. Einige touristische Leistungsträger, wie eben auch der Römerturm, haben viele neue Arbeitsplätze geschaffen. Dass das Seminargeschäft hier oben besser läuft als vielerorts, hängt selbstverständlich auch mit den kurzen Anreisezeiten aus den Wirtschaftszentren Zürich / Aargau / Schwyz / Zug zusammen.

Der Römerturm hat einen privilegierten Standort. Ruhe und Weitblick gehören zum Programm. Allein die Lage, 750 Meter über dem Walensee, ist einmalig. Die Gäste ahnen vielleicht nicht, dass sie beim gemütlichen Essen, beim Tagen oder beim Nichtstun an einem archäologisch bedeutsamen Ort sitzen. Die Römer bauten hier nach dem erfolgreichen Alpenfeldzug eine

GLARNER

Saison
ganzjährig geöffnet,
Betriebsferien im Januar

Sport/Freizeit/Erholung
hoteleigene Programme,
Sommer- und Winter-
sportarten

Ambiente Innenräume 5
Garten, Park, Terrassen 4
kinderfreundlich 3
Preisklassen 2, 3

befestigte Anlage, was die ältesten mit Mörtel erbauten Mauern der Schweiz bezeugen. Deshalb der Name «Römerturm». Das Haus hatte zwei Mal einen Tiefschlag zu verkraften, als sich hochfliegende Pläne nicht erfüllten. Jetzt ist mit den neuen Besitzern Ruhe eingekehrt und Kontinuität zeichnet sich ab.

Der Römerturm lebt die Philosophie der gesunden Marktküche, das heisst es werden saisonale Frischprodukte verarbeitet. Schwerpunkte im Angebot des Restaurants sind Klassiker oder Hausspezialitäten. Im A-la-carte-Angebot gibt es aber auch neue, kreative Speisen. Getafelt wird im grossen Panoramarestaurant oder an warmen Tagen auf der beliebten Sonnenterrasse mit der wohl schönsten Aussicht auf den Walensee, die Churfirsten und in die Linthebene.

Das unterteilbare Restaurant eignet sich bestens für gesellschaftliche Anlässe. Bei grösserer Gästeschar stehen zwei Bankettsäle zur Verfügung. Gäste, die gerne ein romantisches Wochenende im Römerturm verbringen möchten, können ein solches buchen: Übernachtung, Vier-Gang-Dinner, Frühstücksbuffet und auf Wunsch eine Massage sind für 180 Franken zu haben.

Geschichtsträchtig der Zeit voraus

Romantik Seehotel Sonne, Küsnacht

Nur 15 Minuten von der Zürcher City entfernt liegt die Vorortsgemeinde Küsnacht, die mit ihren 13 000 Einwohnern eigentlich eine Stadt ist. Das Romantik Seehotel Sonne sticht mit seinem markanten Turm gleich ins Auge. Hier unterbricht man seine Reise gern: Das Haus an einzigartiger Lage, direkt am Zürichsee, lädt zum Verweilen ein. Und darauf sind das Hotel, die Restaurants, der Sonnengarten und das Sonne-Team bestens vorbereitet. Hier dominiert neben der Liebe zu den Gästen und der Kochkunst auch die Kunst.

Romantik Seehotel Sonne
Seestrasse 120
8700 Küsnacht am Zürichsee
Telefon 044 914 18 18
Fax 044 914 18 00
www.sonne.ch
home@sonne.ch

Ferien-, Geschäfts- und Seminarhotel
Gastronomie

Catherine Julen Grüter und René Grüter, Gastgeber

Die Geschichte von Küsnacht beginnt 4500 v. Chr. Vor sechstausend Jahren lebten hier Menschen in Seeufersiedlungen, die der Jungsteinzeit zugeschrieben werden. Offenbar hatten diese Bewohner damals schon ein Faible für aussergewöhnlich schöne und gut besonnte Orte. Auf die Geschichte der hier tätigen Römer und Alemannen lasse ich mich nicht ein, werden sie doch anderweitig schon oft genug porträtiert. Die liberalen Strömungen des 19. Jahrhunderts gaben Anlass zu einer Streitschrift «Küsnachter Memorial», welche eine neue Kantonsverfassung mit gleichen Rechten für Stadt und Land forderte. Die fortschrittliche Gesinnung brachte der Gemeinde 1832 das erste Lehrerseminar. Heute ist darin die Kantonsschule untergebracht. Durch die strategisch optimale Lage trat die Bedeutung als Weinbaudorf – das Dorf war der grösste Weinproduzent im Kanton – immer mehr in den Hintergrund. Heute ist Küsnacht eine wohlhabende Gemeinde an der Grenze zu Zürich.

Die «Wirtschaft» zur Sonne taucht zum ersten Mal Mitte des 17. Jahrhunderts in Urkunden auf. Hans Ulrich Alder und Anna Barbara Schädler erwarben das Haus samt Tavernenrecht von

Saison
ganzjährig geöffnet

Sport/Freizeit/Erholung
Exklusive Wellness- und Fitnessanlage, private Liegewiese, Baden im See, joggen, wandern, biken, Schifffahrten, viel Kultur

Ambiente Innenräume 5
Garten, Park, Terrassen 5
kinderfreundlich 4
Preisklassen 2, 3

zwei Zürcher Stadtherren. Die Übergabe der Sonne an Tochter Elisabeth und deren Gatten Heinrich Guggenbühl leitete eine lange Familientradition ein: Mehr als zweihundert Jahre wirkte die Familie im gastlichen Haus am rechten Zürichseeufer. Heute wird das Romantik Seehotel Sonne von Catherine Julen Grüter und René Grüter geleitet.

Die Sonne ist auch ein Haus der Kunst. Es gibt Gemälde und Skulpturen von namhaften Schweizer Künstlern, unter anderem von Alois Carigiet, Augusto Giacometti, Bernhard Luginbühl und Albert Manser. Auch internationale Stars wie Andy Warhol und Julian Schnabel sind vertreten.

Moderne Schweizer Küche mit einer Prise internationaler Kochkunst – das ist die Philosophie der Sonne. Der Küchenchef und seine Mannschaft bevorzugen hochwertige Produkte aus der

Region. Was gut schmeckt, soll auch gut aussehen, lautet die Devise. Die mit viel Sorgfalt kunstvoll angerichteten Speisen sollen den Gaumen erfreuen und alle Sinne wecken. Obwohl die Gaststuben hinter den soliden Mauern ihre Ursprünglichkeit bewahrt haben, hat man nie das Gefühl, in leicht verstaubten Räumen zu tafeln. Das Ambiente ist gehoben, aber dennoch heimelig und unkompliziert.

Schwerpunkte auf den Speisekarten sind einfache bekannte und weniger bekannte Klassiker. Im Internet kann man sich das Wochenmenü von Montag bis Sonntag ausdrucken und schon ein bisschen von der Vorfreude leben. Für A-la-carte-Gerichte gibt es je eine Karte «Sonnengalerie» und «Gaststube». In der Sonne wird man selten enttäuscht, das finden jedenfalls die Tester der wichtigen Gourmet-Bücher, welche die Sonne-Küche regelmässig auszeichnen.

Tafeln wie am Meer – nur schöner und besser

Marina Lachen

Wer einen Ausflug an den Zürichsee plant und in Lachen nach zweimal falsch einspuren doch noch den Hafen erreicht, kann das architektonisch auffällige Haus mit dem südlichen Ambiente gar nicht übersehen. Die Botschaft heisst: Augenweiden und Gaumenfreuden. Und das ist nicht übertrieben. Hier kommen Feinschmecker auf ihre Rechnung. Aber auch Gäste, die mehr auf die italienische oder die asiatische Küche stehen, finden ihr eigenes Lokal im gleichen Haus. Wer aufs Heimfahren nach so viel Genuss keine Lust mehr hat, wird in einem der 21 Designer-Zimmer von den Sandmännchen in die Arme genommen.

Marina Lachen
(Marina Gastro AG)
Hafenstrasse 4
8853 Lachen
Telefon 055 451 73 73
Fax 055 451 73 74
www.marinalachen.ch
welcome@marinalachen.ch

Geschäfts- und
Seminarhotel
Gastronomie,
Catering & Events

Bettina Römer und
Christoph Hartmann

Im Laufe der Jahrhunderte entstand das Dorf Lachen um den Marktplatz am See sowie um Rathaus und dominanter Kirche. Auch ein Hafen gehörte schon immer zum Dorfbild. Lachen war Umschlagplatz für Waren ins Glarnerland und in Richtung der Bündner Alpenpässe. 1875 kam mit der Nordostbahn der öffentliche Verkehr. Industrie und Handelsbetriebe liessen sich nieder und schafften Arbeitsplätze. Die Menschen brauchten neuen Wohnraum. Lachen ist seit der Neuordnung der Schweiz im Jahre 1803 Hauptort des schwyzerischen Bezirks March. Die Gemeinde entwickelte sich prächtig zu einer modernen kleinen Stadt mit bald 8000 Einwohnern.

Andi Rhis hat zum modernen Image des Dorfes viel beigetragen. Ich kann mich noch gut an das kleine und verträumte Hotel al Porto erinnern, das keine grossen Ambitionen hatte. Das änderte sich, als das Urgestein von Unternehmer das Haus übernahm und es in Etappen zu einem der renommiertesten Betriebe am Zürichsee verwandelte. Das fertig gestellte Viersternehaus wirkt in jeder Beziehung grosszügig, schön und etwas mondän.

Saison
365 Tage offen

Sport/Freizeit/Erholung
Hauseigene BMC-Mountainbikes, Wasserski, Wakeboard, Bootsvermietung, Golfpark Nuolen, Tennis, wandern

Ambiente Innenräume 5
Garten, Park, Terrassen 5
kinderfreundlich 3
Preisklassen 1, 2, 3

Das wirkt sich natürlich sofort auf die eigene Befindlichkeit aus. Marina Lachen steht als Dachmarke über den vier Geschäftsbereichen al porto, Lago Lounge, Osteria Vista sowie dem Restaurant OX Asian Cuisine. Jeder dieser vier Betriebe hat einen eigenständigen Auftritt, bietet individuelle Dienstleistungen und ist unterschiedlich designt. Hinter den Kulissen läuft aber alles zusammen: zentrale Planung und Organisation, Administration und Leitung. Dies garantiert ein optimales, von hoher Qualität geprägtes Zusammenspiel der einzelnen Betriebe sowie ein kundenorientiertes und saisongerechtes Angebot.

Das Feinschmeckerlokal al porto bietet mediterrane Köstlichkeiten. Schwerpunkt bilden die Fisch- und Fleischspezialitäten vom Holzkohlengrill. Das Besondere an diesem schönen Lokal ist zweifellos einerseits die Sicht auf Hafen und See und andererseits der Blick in die total offene (verglaste) Küche, wo man den einheitlich dunkel gekleideten Köchen bei der Arbeit zuschauen kann. Obwohl ich dieses Konzept schon einige Male in neueren Lokalen angetroffen habe, hat mich keines so überzeugt wie das des al porto.

Wer gerne beim Italiener isst, den trifft man hier in der Osteria Vista an. Hier werden frische Holzofenpizze gebacken und hausgemachte Pasta angerichtet. Sie ist das populäre Herzstück der Marina. Ein gut durchmischtes Publikum gibt dem etwas einfacher gestalteten Lokal seinen individuellen Charme, dem kaum jemand widerstehen kann.

Im OX Asian Cuisine erwarten uns feinste thailändische Gerichte. Das gegenüber den anderen Lokalen eher etwas kleinere Restaurant mit Showküche und Bambusgärtchen kann vielleicht des einen oder andern Fernweh stillen.

Bleibt noch die Lago Lounge: hier kann man vom ersten Espresso bis zum Schlummertrunk Leute treffen, das erste Date planen, Menschen beobachten, Zeitung lesen, diskutieren und flirten.

Prachtskulisse – Wasserrauschen – Gaumenfreuden

Restaurant Schlössli Wörth, Neuhausen

Zu Füssen des atemberaubenden Rheinfalls steht das Schlössli Wörth. Seit Jahrhunderten kehren Besucher des Naturschauspiels hier ein. In den kommenden Jahren soll der Rheinfall für Touristen aufgewertet und attraktiver gemacht werden. Mehr als attraktiv präsentiert sich heute schon die mehrfach ausgezeichnete Küche von Daniel und Angelika Ciapponi. Touristen und Feinschmecker stören sich nicht im Schlössli Wörth. Während letztere sich behaglich in einem schönen Ambiente zum Essen niederlassen und ein Fest der Sinne erleben, haben Besucher des Rheinfalls die Möglichkeit, im Selbstbedienungs-Snack-Restaurant ebenfalls von der guten Küche zu profitieren und sich günstiger zu verpflegen. Das Panorama wird auch hier als Zugabe gratis geliefert.

Restaurant Schlössli Wörth
Rheinfallquai
8212 Neuhausen
Telefon 052 672 24 21
Fax 052 672 24 30
www.schloessliwoerth.ch
info@schloessliwoerth.ch

Angelika und Daniel Ciapponi,
Gastgeber

Als Folge eines globalen Temperaturrückgangs dehnten sich vor rund 500 000 Jahren die Gletscher bis ins Mittelland aus und gestalteten die heutige Landschaft. Bis zu Beginn der Riss-Eiszeit vor 200 000 Jahren floss der Rhein von Schaffhausen in westlicher Richtung durch das Klettgau. Während der letzten Eiszeit wurde der Rhein in einem grossen Bogen gegen Süden abgedrängt und erreichte oberhalb des Falles sein heutiges Bett auf Kalkstein. Beim Übergang vom harten Kalk auf den leicht abtragbaren Schotter entstand vor 15 000 Jahren der Rheinfall. Die noch vorhandenen Felsen im Rheinfall sind Überreste der ursprünglich steil abfallenden Kalksteinflanke.

Beeindruckend: Breite des Rheinfalls 150 m, Höhe 23 m, Abflussmenge Sommer ca. 600 000 Liter pro Sekunde, Winter ca. 250 000 Liter. Vor 25 Jahren sind der Rheinfall und seine Umgebung ins Bundesinventar der Landschaften und Naturdenkmäler von nationaler Bedeutung aufgenommen worden.

Saison
ganzjährig offen,
von April bis Oktober täglich,
von Oktober bis März
ist am Mittwoch Ruhetag

Ambiente Innenräume 4
Garten, Park, Terrasse 5
kinderfreundlich 3
Preisklassen 1, 2, 3

Die einmalig schön gelegene Burg «Wörth» aus dem 12. Jahrhundert war während Jahrhunderten Sitz von Zoll und Fischpacht. 1836 wollte man die Burg zur Förderung des wachsenden Tourismus in eine Gaststätte umwandeln, was dann schon ein Jahr später mit der Eröffnung des «Caffé- und Speiserestaurants Schlösschen Wörth» geschah. Den Umbau auf drei Stockwerken musste die Besitzerin, das Kloster Allerheiligen, berappen. Seit 2001 lässt sich der fünffache Familienvater Ciapponi von dieser grossartigen Szenerie inspirieren. Ciapponi ist kein Quereinsteiger: an der Hotelfachschule Lausanne und in vielen renommierten Betrieben hat er sich das Rüstzeug für diesen schönen Beruf geholt. Daniel Ciapponi und seine Familie sind als Team mit Leib und Seele Gastgeber.

Natürlich sind auf der Karte die Fische stark vertreten. Neben Bio-Lachs, Egli und Zander gibt es auch verschiedene Gerichte mit Köstlichkeiten aus dem Meer. Die Fleischgerichte sind uns vertraut und als Klassiker zu bezeichnen. Allerdings sind Saucen und Beilagen nicht «gewöhnlich». So wird zum Beispiel das Bio-Rindsfilet vom Thurgauer Schrofenhof an einer Feigen-Essig-Sauce serviert, begleitet von Süsskartoffelpüree und Herbstgemüse vom Markt. Die Karte mit «geraden» Preisen macht so richtig Lust auf gutes und gesundes Essen.

Hoch über den Dächern von Zürich

Hotel Uto Kulm, Uetliberg

Der Hausberg von Zürich, auf dem Gemeindegebiet von Stallikon, bietet nicht nur die schönste Aussicht auf die Stadt, den See und auf die Berge. Mit seinem Hotel Uto Kulm ist er kulinarischer, kultureller und gesellschaftlicher Treffpunkt der grossen und der kleinen Leute. Die stark ausgebaute Infrastruktur des Gesamtkunstwerks lädt zum Tagen, Tafeln und Geniessen ein. Es lohnt sich, hier oben den Kopf für einige Stunden zu lüften und Hektik, Stress und Stadtlärm hinter sich zu lassen.

Hotel Uto Kulm
(Top of Zürich)
8143 Uetliberg
Telefon 044 457 66 66
Fax 044 457 66 99
www.utokulm.ch
info@utokulm.ch

Seminar-, Romantik- und Eventhotel, Gastronomie

Giusep Fry, Hotelier und Inhaber

Der Uetliberg hatte seit jeher eine besondere Bedeutung für die Region Zürich und ihre BewohnerInnen. In früheren Zeiten diente er der Verteidigung, wenn fremde Fötzel die Stadt bedrohten. Seit über hundert Jahren ist er ein wichtiges Naherholungsgebiet und gleichzeitig eine touristische Attraktion.

1838 wurde erstmals ein einfaches Berggasthaus hier oben gebaut. Wie die meisten Hotels zu jener Zeit wurde auch das Gasthaus auf dem Uetliberg schon nach 40 Jahren ein Raub der Flammen. Der sofort realisierte Neubau konnte 1880 eröffnet werden, in den folgenden Jahrzehnten wurde ständig renoviert, erweitert und Annexbauten erstellt. Die eigentliche Erfolgsgeschichte des Uto Kulm begann 1983, als der Bündner Gastronom Giusep Fry mit 24 Jahren die stellvertretende Geschäftsführung übernahm. Zu jener Zeit gehörte die Anlage der Bankgesellschaft, welche inskünftig Arbeitgeber von Fry war.

Der Betrieb entpuppte sich als extrem wetterabhängig. War es schön, kamen Hunderte, regnete es, liess sich keine Maus blicken. Mit totalem Einsatz entwickelte Fry immer wieder Angebote und Veranstaltungen, die nicht vom Wetter abhängig

Saison
365 Tage geöffnet

Sport / Freizeit / Erholung
wandern, biken, Outdoor-Aktivitäten, Haus-Events

Ambiente Innenräume 5
Garten, Park, Terrasse 5
kinderfreundlich 5
Preisklasse 2 oder 3

waren. Er verteilte das finanzielle Risiko auf verschiedene Geschäftsbereiche: Seminare und Bankette, Tête-à-tête, Haus-Events und gehobene Gastronomie. Das Uto Kulm lief von Jahr zu Jahr besser.

Nach der Fusion von SBG und SBV zur UBS im Jahre 1998 war unklar, was mit dem Unternehmen auf dem Uetliberg geschehen würde. Giusep Fry fragte die UBS, ob er ein Kaufangebot machen dürfe. Nachdem die Stadt vom Vorkaufsrecht keinen Gebrauch machte, war klar, dass der mutige Unternehmer die 26 000 m^2 umfassenede Hotel- und Gastronomieliegenschaft kaufen wollte. Er erhielt den notwendigen Kredit, obwohl die Banken Kredite an Hotel- und Tourismusbetriebe scheuten wie Katzen das Wasser. 1999 war Fry stolzer Besitzer des Uto Kulm.

Auf der verglasten Terrasse «La Bellezza» und im Restaurant wird der Gast von einem freundlichen Team mit saisonalen Gerichten und Spezialitäten aus aller Welt verwöhnt. Nebst dem Lukullischen in den verschiedensten Formen gibt es auf dem Uetliberg auch schöne Wanderwege und eine Vielzahl sportlicher Aktivitäten. Die autofreie Umgebung garantiert zusammen mit der Höhe für saubere Luft. In 55 Lifestyle-Doppelzimmern und Romantik-Suiten lässt sich nach dem Essen und Trinken herrlich nächtigen.

Einmal beim König von Winti am Tisch sitzen

Restaurant Taggenberg, Winterthur

Einmal richtig gut essen in der zweitgrössten Stadt des Kantons Zürich? Ja, auf zu Margriet und Peter Schnaibel ins Restaurant Taggenberg. Weil der Künstler am Herd weit und breit der einzige Gault-Millau-Koch mit 17 Punkten ist, wird er von Gastro-Journalisten gerne «König von Winterthur» genannt. Zwar ist die Bezeichnung «Stadt» für diese grüne Oase oberhalb von Wülflingen stark übertrieben. Die Aussicht auf den östlichsten Teil Winterthurs und ins Zürcher Oberland allein ist schon eine Reise wert. Schade, dass nicht 365 Tage Gartensaison ist. Die Platzzahl im stilvoll renovierten Gasthaus ist nämlich sehr beschränkt.

Restaurant Taggenberg
Taggenbergstrasse 79
8408 Winterthur-Wülflingen
Telefon 052 222 05 22
Fax 052 222 05 24
www.taggenberg.ch
info@taggenberg.ch

Gastronomie

Peter und Margriet Schnaibel, Gastgeber

Früher war Wülflingen vor allem ein Rebbauerndorf, wo am Südhang des Lindbergs Reben gepflegt wurden. Später konnte die Gemeinde vom industriellen Aufschwung profitieren, auch wenn die ganz grossen internationalen Betriebe sich vorwiegend in der Stadt niederliessen. In Wülflingen stand die erste mechanische Grossspinnerei Europas. 1922 wurde das Dorf in die Stadt Winterthur eingemeindet und bildet heute den Kreis 6. Trotzdem ist der ehemalige Dorfcharakter im Zentrum um den Lindenplatz bis in die Gegenwart erhalten geblieben. Winterthur-Wülflingen hat knapp 14 000 Einwohner.

Ältere Einwohner können sich nicht erinnern, dass im Taggenberg jemals nicht gewirtet wurde. Lange Zeit gehörte das Restaurant zum Landwirtschaftsbetrieb. Die Stadt Winterthur hatte bei beiden Betrieben das Sagen. Die Schnaibels zahlten Pacht für einen eher etwas heruntergekommenen Betrieb. Nachdem die Zinsen abermals erhöht werden sollten, sahen die ehrgeizigen Wirtsleute keine Zukunft mehr an diesem Ort. Sie entschlossen sich, etwas völlig anderes zu machen. Weshalb

Wirtschaft
Taggenberg

Saison
ganzjährig geöffnet,
Sonntag und Montag
Ruhetage

Ambiente Innenräume 5
Garten, Park, Terrasse 4
kinderfreundlich 3
Preisklasse 3

genau sie dann doch bei ihren Leisten blieben, entgeht meiner Kenntnis. Jedenfalls erwarben sie das Restaurant von der Stadt und erneuerten es. Kleine Zusatzbauten ergänzen den Betrieb. Möglich gemacht haben das eine Anzahl begeisterter Stammkunden, die ohne die Schnaibels nicht in eine gastronomische Leere fallen wollten. Sie übernahmen Anteile und ermöglichten so das Weiterbestehen des Betriebs. Zwar sind die Anteile noch nicht restlos zurückbezahlt, aber es sei alles im grünen Bereich, erzählte mir Margriet Schnaibel, die fliegende Holländerin. Eine starke Frau, die gleichzeitig Gäste empfangen, den Service leiten und Kinder bei Laune halten kann.

Essen im Taggenberg ist ein Erlebnis. Wie ein Konzert oder ein Theaterstück. Wer Zeit hat und einmal nicht aufs Geld schauen will, bestellt im Taggenberg am besten das Degustationsmenü. Wahlweise kann man es in 4, in 5 oder in 6 Gängen geniessen. Weil die Preisunterschiede minim sind, lohnt sich das volle Programm. Als Gluschtmacher das Menü vom Januar 2010: Amuse Bouche (könnte als 7. Gang gerechnet werden, herrlich) – Terrine von Gänseleber und Tafelspitz mit Gänseleberpraline und Quitten – Champagner-Sauerkrautsuppe mit Jakobsmuschel – Atlantik-Steinbutt mit der Haut gebraten auf Rosenkohlblättern mit Kräuterseitlingen und Steinbuttfond mit Burgunder-Senf – Rosa gebratener Pyrenäen-Lammschlegel auf gewürztem Tomatenconfit, Knusperstrudel mit Couscousfüllung und feine Gemüse – vier Rohmilchkäse von der Käserei Schmid in Lichtensteig mit ihren Garnituren – Pistazien-Nusskrapfen auf marinierten Dörrfrüchten, Schokoladen-Feigentarte und Joghurt-Eiscreme. Erstaunlich: Nach einem grossen Schnipo-Teller und Vermicelles im Rössli fühlt man sich wesentlich voller.

79

Essen wo üblicherweise Gutbetuchte wohnen würden

Restaurant Die Waid, Zürich

Das Restaurant, am Grüngürtel hoch über Wipkingen gelegen, kann die eindrücklichste Aussicht über die Stadt bieten. Trotzdem hatte der letzte Pächter nach 30-jähriger Tätigkeit den Vertrag auf Ende 2003 gekündigt. Die Stadt als Besitzerin der Anlage schrieb die Pacht neu aus und entschied sich nach einem Auswahlverfahren für Thomas Hofstetter und Rolf Schönenberger, beide erfahrene Fachleute der Gastronomie. Das Haus wurde von einer Innenarchitektin umgebaut. Doch die Freude war nur kurz: Im Juni 2004 brannte «Die Waid» nieder. Das neue Team liess sich nicht entmutigen. Noch schöner und zweckmässiger war das Haus nach dem Wiederaufbau, und einem fulminanten Neustart stand nichts mehr im Weg. Die kulinarischen Ziele wurden jetzt noch höher gesteckt.

Restaurant Die Waid
Waidbadstrasse 45
8037 Zürich
Telefon 043 422 08 08
Fax 043 422 08 09
www.waid.ch
info@waid.ch

Thomas Hofstetter, Gastgeber

Die Stadt Zürich ist in vielerlei Hinsicht absoluter Leader. Als grösste Stadt mit heute fast 400 000 Einwohnern ist sie ein wichtiger internationaler Finanzplatz, das Herz der Schweizer Wirtschaft, das dominierende Medienzentrum, das wichtigste Tor für Ankommende aus aller Welt, hinzu kommt eine breite Palette an Bildungseinrichtungen und Kulturangeboten. Zürich bietet nicht nur Weitsicht, sondern auch Seenähe. Zusammen mit der gut erhaltenen mittelalterlichen Altstadt, einem vielseitigen kulturellen Angebot und dem pulsierenden Nachtleben ist die Stadt Magnet für Touristen und Einheimische.

In etwas Distanz zum «Rummelplatz» liegt Die Waid. Hier können alle Bevölkerungsschichten quasi mit Weitsicht tafeln, diskutieren, sich ausruhen oder gar Weiterbildung betreiben. Das Haus steht betriebswirtschaftlich auf vier Pfeilern: Im «WOK Restaurant mit WOK Rondo» werden asiatische Gerichte im WOK-Pfännchen serviert, das «Jahreszeiten-Restaurant» bietet

Saison
täglich geöffnet

Ambiente Innenräume 4
Garten, Park, Terrasse 5
kinderfreundlich 5
Preisklassen 1, 2, 3

eine feine saisonale Küche und an warmen Tagen ist der «Kastaniengarten» absoluter Favorit. Er ist wie gemacht für eine multigastronomische Nutzung. Vierter Pfeiler sind Seminare und Bankette. Gesellschaftliche Anlässe privater oder geschäftlicher Natur sind hier gut aufgehoben.

Die Waid möchte mit dem WOK-Konzept eine Brücke bauen zwischen der leichten fernöstlichen Küche und dem traditionellen Schweizer Kochhandwerk. Das Credo: Von beiden Kochkulturen das Beste, frisch vom Markt, mal bewusst kalorienarm,

mal währschaft. Im Jahreszeiten-Restaurant legt man, wie der Name schon sagt, grössten Wert auf saisonale Produkte. Der Schwerpunkt liegt bei klassischen Gerichten. Beispiele aus der Winterkarte: «Kalbskopfbäggli», «Hackbraten nach Grossmutter Art» oder «Lammfilet Trois Rivières». Auf der Karte stehen aber auch internationale Gerichte zur Wahl.

Fast vergessen hätte ich die riesige Terrasse mit der atemberaubenden Sicht auf Stadt, Zürichsee und Glarner Alpen. Die Innenräume sind modern und offen gestaltet. Schade eigentlich, dass man sich bei gewissen Dates nicht vor den Blicken Neugieriger etwas schützen kann.

Ein Stück Tessin auf dem Zürcher Waidberg

Tessin Grotto, Zürich-Höngg

Dem Pächter der Waid wurde von der Stadt das ehemalige Jägerhaus in unmittelbarer Nachbarschaft zur Bewirtschaftung angeboten. Dieser sagte zu und entschloss sich, in Zukunft hier Cucina Ticinese anzubieten. Was vielleicht auf der Waid etwas exotisch anmuten mag, hat handfeste Gründe: Thomas Hofstetter war seit seiner Kindheit mit dem Tessin, vor allem mit dem Maggiatal, eng verbunden. Nun fand er mit dem Jägerhaus das geeignete Lokal, um etwas Tessiner Flair in die Stadt zu bringen. Ein Cheminée im Restaurant und eine rebenumrankte Pergola mit Steintischen und Bänken schienen dem kreativen Gastronom gute Voraussetzungen dazu zu sein. Die Tessiner Oase, mitten im Wald, bleibt sich beim gastronomischen Konzept zu 100 Prozent treu. Hier tönt nicht nur alles südschweizerisch, nein es ist es auch.

Tessin Grotto
Waidbadstrasse 151
8037 Zürich
Telefon 044 271 47 50
Fax 044 271 47 53
www.tessin-grotto.ch
info@tessin-grotto.ch

Thomas und Susanne Hofstetter,
Gastgeber

Die Geschichte des Jägerhauses hört sich ähnlich an wie die der Waid (siehe vorhergehende Seiten). Der bisherige Wirt Roland Thalmann gab die Pacht nach 8 Jahren an die Stadt zurück. Thomas Hofstetter und seine Gattin Susanne (im Tessin Grotto «Padrona» genannt) wollten das Konzept mit klassischen Zürcher Gerichten nicht weiterführen. Mit der Tessiner Küche schlagen sie kulinarisch eine völlig andere Richtung ein.

Wie die Zukunft des Gastrobetriebes längerfristig aussieht, ist im Moment noch offen. In den nächsten zwei Jahren gibt es aber definitiv Tessiner Küche. Dann wird der Stadtrat zu entscheiden haben, welche Funktion das Jägerhaus im Zürcher Naherholungsgebiet zu erfüllen hat. Dem Pächterpaar drücke ich beide Daumen, dass zu gegebener Zeit die notwendigen Renovationen in Angriff genommen werden, auf dass das Tessiner Gastspiel kein jähes Ende finde.

GAZOSA
gazosa
Coldesina

Saison
365 Tage offen

Ambiente Innenräume 3
Garten, Park, Terrasse 3
kinderfreundlich 5
Preisklassen 1, 2

Die Speisekarte versetzt den Gast mit einem Schlag in den geliebten Ticino. Kaum ein typisches klassisches Gericht fehlt. Montag bis Sonntag gibt es die wiederkehrende «Specialità settimanalì»: Lunedì: Ragù d'Agnello – Martedì: Brione di vitello ripieno – Mercoledì: Rusticanella – Giovedì: Coniglio – Venerdì: Ossobucco Ticinese – Sabato: Anatra all'aceto – Domenica: Buffet ticinese. Weil wir Deutschschweizer ziemliche Gewohnheitstiere sind, glaube ich, dass das ankommt. Das A-la-carte-Angebot ist ein Eldorado für Freunde der italienischen Küche. Hier können Frauen, die ja meist etwas zaudern beim Bestellen, ins Schwitzen kommen.

Die Köstlichkeiten kann der Gast im «Camino» (Cheminéeraum), im «Canneto» mit der Schilfdecke oder in der kleinen «Piazza» beim Empfang geniessen. Lust auf das Essen im Garten machen die grosszügige «Pergola» und das «Giardino».

Nordwestschweiz

Aargau | Baselland | Solothurn

Lauter gluschtige Köstlichkeiten zu moderaten Preisen

Seehotel Hallwil, Beinwil am See

Wer von der Seerose auf der anderen Seite des Sees auf dem Uferweg nach Beinwil wandert, trifft entlang des kurzen Luzerner Seeanstosses auf gastronomisches Ödland. Am mächtigen Schiffskran und an Segelyachten vorbei erreichen die hungrigen Menschen dann aber schnell die einladende grosse Terrasse des Seehotels Hallwil. Sie bietet bei heissem und bei kühlem Wetter einen gewissen Schutz, ist sie doch in Glas gekleidet. Christine und Willy Nyffenegger überraschen die Gäste ohne grosses Brimborium mit einer überdurchschnittlich kreativen Küche. Weshalb Nyffi, wie MitarbeiterInnen und Freunde den Koch nennen, keinen Eingang in den Gault Millau gefunden hat, bleibt wohl vielen Gästen ein Rätsel.

Seehotel Hallwil
Seestrasse 79
5712 Beinwil am See
Telefon 062 765 80 30
Fax 062 765 80 40
www.seehotel-hallwil.ch
hotel@seehotel-hallwil.ch

Christine und Willy Nyffenegger,
Gastgeber

Selbst viele Aargauer glauben, die Boijuer, wie die Einwohner ihr Dorf nennen, kokettierten mit dem See, weil sie den Ortsnamen nie ohne diesen Zusatz schreiben. Die Erklärung ist simpel: Damit unterscheidet sich das Dorf am See vom anderen Aargauer Beinwil, das im Freiamt liegt.

Beinwil am See kann 2036 das 1000-Jahr-Jubiläum feiern. Die schöne Lage muss allerdings schon viel früher Menschen bewogen haben, hier ihre Siedlung aufzubauen. Beinwil galt lange als eher ärmliche Gemeinde, deren Einwohner in erster Linie von der Landwirtschaft lebten. Als aber Johann Jakob Eichenberger 1841 die erste Zigarrenfabrik gründete, erlebte das Dorf einen grossen Aufschwung. In den Blütezeiten waren es mehr als 20 «Stumpenfabriken» und viele Heimbetriebe, in denen die Menschen ihr Brot verdienten. Entsprechend entwickelten sich auch die Bevölkerungszahlen: Mitte des 17. Jahrhunderts waren es 85, hundert Jahre später 1544. Heute zählt die Gemeinde knapp 3000 Einwohner.

Beinwil

Saison
ganzjährig geöffnet,
Dezember bis April
Montag Ruhetag

Sport/Freizeit/Erholung
alle Wassersportarten,
wandern, biken

Ambiente Innenräume 4
Garten, Park, Terrasse 5
kinderfreundlich 5
Preisklassen 1, 2

Rund um das Seehotel Hallwil befindet sich das sportliche Zentrum des Naherholungsgebietes. Am augenfälligsten ist wohl die Segelschule, in der schon Tausende junger Wassersportler ihre ersten Segelstunden absolvierten. In der nahegelegenen Jugendherberge logieren viele junge Individualsportler, denen man bei der Ausübung ihrer Sportart auf Schritt und Tritt begegnet. Etwas unterhalb befindet sich das grosse öffentliche Bad. Wer lieber nur zuschaut, kann Boote oder Pedalos mieten oder gleich beim Seehotel in eines der fünf Hallwilerseeschiffe steigen. Wenn dieses Buch gedruckt sein wird, kreuzt ein neues Schiff auf dem See, das die alte «Seetal» (von den Einheimischen Seekuh genannt) ablöst. Es hat noch keinen Namen, ausser der Typenbezeichnung MS 150.

Weil bei der Recherche zum Seehotel Hallwil praktisch keine brauchbaren Angaben gefunden werden konnten, bekam nun das Umfeld bedeutend mehr Raum als bei den übrigen Tapetenwechsler-Geschichten. Über die marktfrische, der jeweiligen Jahreszeit angepassten Küche müssen auch nicht viele Worte verloren werden. Die kreativen Kombinationen schmecken einfach herrlich, sind leicht und bekömmlich. Auch Liebhaber der traditionellen Küche finden bestimmt ihre Favoriten.

Auf der Terrasse pulsiert vom frühen Frühling bis in den späten Herbst das Leben. Wenn das Wetter zu garstig oder die Temperatur zu tief ist, stehen den Gästen zwei einfache Gaststuben und ein grosser heller Saal mit Blick über den Hallwilersee zur Wahl. Direkt am See gibt es im Selbstbedienungsrestaurant günstiges Essen. Hier können sich die Kinder austoben, bei umgestossenen Gläsern gibt es keine roten Köpfe.

Wer hier gerne übernachten oder einige Tage Ferien verbringen möchte, ist in den komfortabel eingerichteten Zimmern im Hotelneubau gut aufgehoben.

Wo Zürcher, Aargauer, Zuger und Luzerner sich treffen

Alpwirtschaft Horben, Beinwil im Freiamt

Wer nur wegen der Sonne auf den Lindenberg fährt oder wandert, konsultiert am besten die Live-cam auf der Internetseite der Alpwirtschaft. So werden enttäuschte Gesichter die Ausnahme bleiben. Es gibt aber viel mehr Gründe, auf den Horben zu gehen. Während die Anfahrt vom oberen Seetal zu gewissen Zeiten fast ein wenig abenteuerlich ist, fühlt sich die Strasse von Beinwil im Freiamt fast schon luxuriös an. Wanderer erreichen die Hochebene zwischen Seetal und Freiamt auf gut markierten Wegen aus allen Himmelsrichtungen.

Alpwirtschaft Horben
5637 Beinwil im Freiamt
Telefon 056 668 11 98
Fax 056 668 11 46
www.horben.ch
info@horben.ch

Gastronomie

Stefan Villiger,
Gastgeber

Der Horben, wie die einzige Aargauer Alp heisst, gehört zur politischen Gemeinde Beinwil im Freiamt. Hier waren alle bekannten Völker aktiv: die Helvetier und die Römer, bevor die Alemannen das Zepter übernahmen. Sie betrachteten das mit Bäumen bepflanzte und mit Getreide bestellte Land als ihr Eigentum. Gemeingut, meist Allmenden genannt, blieben weitgehend bestehen. Für die Entstehung der alten Dorfsiedlung dürften vor allem die vielen Wälder und das reichlich vorhandene Wasser ausschlaggebend gewesen sein. Beinwil hat keinen Baumboom erlebt wie die Gemeinden am nach Südwesten ausgerichteten Hang auf der anderen Talseite. Heute leben hier etwas mehr als 1000 Menschen.

Plazidus Zurlauben, vor 300 Jahren Abt im Kloster Muri (das man sich unbedingt ansehen sollte), hatte den Platz mit Bedacht gewählt, als er auf dem «Horwen» einen repräsentativen Bau errichten liess, in dem die Mönche Erholung von geistiger Anstrengung finden konnten. 1730 wurde die Anlage mit der Wendelinkapelle ergänzt. 1759 wurde das Herrenhaus zu einem veritablen Schloss ausgebaut. Die Klosteraufhebung

Saison
ganzjährig geöffnet,
April bis Oktober
Dienstag geschlossen,
November bis März Montag
und Dienstag geschlossen

Sport/Freizeit/Erholung
Wander- und Langlaufparadies, biken, Skilift,
Pferdestallungen,
grosser Kinderspielplatz,
viel Kultur in Muri

Ambiente Innenräume 3
Garten, Terrasse 4
kinderfreundlich 5
Preisklassen 1, 2

von 1841 brachte dem Horben wechselvolle Zeiten. Das Haus ging in Privatbesitz über und war zeitweise ein Gast- oder Kurhaus mit dem Namen Lindenhof. Nach diesem Zeitabschnitt wurde das Schloss vom Landwirtschaftsgut getrennt. Im Jahre 1923 kauften Freiämter Landwirte das Gut und es entstand die Alpgenossenschaft Horben mit heute 39 Mitgliedern. Zur Alp gehören neben dem Landwirtschaftsbetrieb und der Alpwirtschaft 48 Hektaren Land und 2 Hektaren Wald. Von Mitte Mai bis Mitte Oktober werden hier gut 200 Rinder gesömmert. Im Winter sind 30 Islandpferde auf den Weiden. Die Tiere sind natürlich Anziehungspunkt für Gross und Klein und der schieren Menge wegen nie zu übersehen.

Zum Landwirtschaftsbetrieb gehört seit jeher das Restaurant Horben, heute wieder Alpwirtschaft genannt. Wer Abstand vom Alltag, Sonne, Ruhe und Erholung sucht und zudem eine gute Küche schätzt, für den passt es hier. Bei klarem Wetter geniessen die Besucher eine grandiose Rundsicht, vom Säntismassiv bis zu den Berner Alpen. Wer einmal vom «Horben-Virus» angesteckt ist, kommt ganz sicher wieder.

Wer hier oben eine einfache Küche mit Älplermakkaroni und Wurst-Käse-Salat erwartet, wird ziemlich überrascht sein. Die Horben-Kochkunst ist weitherum bekannt und doch ist das Berggasthaus nicht zum Fresstempel geworden, der von den Gastronomie-Touristen heimgesucht wird. Diese würden sich bei den Vorspeisen zwar zu Hause fühlen: Rauchlachsravioli, geräucherte Entenbrust, Tatare provençale oder Alaska-Rotlachs stehen auf der Karte. Schwerpunkt bei den Hauptspeisen sind dann aber die Klassiker von Rind, Kalb, Schwein und Lamm. Fischgerichte und einige sättigende vegetarische Gerichte ergänzen das Angebot. Am Mittag gibt es preiswerte Menüs. Für Kinder gibt es eine spezielle Karte. Sie sind im Horben so gut aufgehoben, dass die Zeit im Nu vergeht.

WEISSWEIN
MOLIGNON
CHASSELAS
dl. 6,-
ROTWEINE
SCHWEIZ
MALANSER
PINOT NOIR
dl. 6,50
BLAUBURGUNDER
REMIGEN
dl. 6,-
ITALIEN
CABERNET
SAUVIGNON
VALPOLLICELA
dl. 7,50

EICHHOF
ALPWIRTSCHAFT
HORBEN
ZH
28700
CH

Kapelle
St.Wendelin
HOFLADEN

Neues Design in alten Mauern

Hotel Bad Bubendorf

Seit bald 300 Jahren pilgern Erholungssuchende nach Bubendorf bei Basel. Am Anfang war eine Solequelle der Besuchermagnet. Mittlerweile zieht das Designhotel Bad Bubendorf mit seinen drei Restaurants Einheimische und GeniesserInnen aus der ganzen Schweiz und dem benachbarten Ausland an. Romantiker wie Liebhaber der modernen Architektur kommen hier auf ihre Rechnung.

Hotel Bad Bubendorf
Kantonsstrasse 3
4416 Bubendorf BL
Telefon 061 935 55 55
Fax 061 935 55 66
www.badbubendorf.ch
info@badbubendorf.ch

Geschäfts- und Seminarhotel
Gastronomie

Eveline und Roland
Tischhauser-Buser,
Hoteliers und Gastgeber

Scheinbar sind sich selbst Kenner nicht ganz einig, ob Bubendorf jetzt im Frenkental oder im Waldenburgertal liegt. Jedenfalls werden beide in Porträts und Werbeprospekten genannt. Wie dem auch sei, Waldenburgertal tönt schöner und Frenkental kommt der Wahrheit vermutlich näher. Beim Zusammenschluss des oberen und des unteren Frenkentales entwickelte sich an der wichtigen Verbindungsstrasse über den Oberen Hauenstein eine spätrömische Siedlung. Im Mittelalter ging die Siedlung an die Froburger, die im Oberbaselbiet immer mehr an Einfluss gewannen. Um 1400 ging das Dorf mit dem ganzen Waldenburger Amt an die Stadt Basel. Vor allem im 17. Jahrhundert diente die als Königsbrunnen bekannte Quelle als Heilbad. Hier im Bad Bubendorf nahm der Aufstand gegen die Stadt Basel ihren Anfang. Am 3. August 1833 stellte sich das Dorf dann auf die Seite der Landschaft. Bubendorf entwickelte sich in neuerer Zeit zu einem kleinen Städtchen mit fast 5000 Einwohnern und rund 1700 Arbeitsplätzen. Verbunden mit der weiten Welt ist das Dorf mit der Waldenburgerbahn und dem Bus der BLT.

In dem einen, «Historic» genannten Teil des Betriebes, der unter Denkmalschutz steht, finden Liebhaber romantischer Hotels Schweizer Gastlichkeit. Im neuen, modernen Annexbau

BUBENDORF

Saison
365 Tage geöffnet

Sport/Freizeit/Erholung
grosses kulturelles Angebot am Ort und in der Grossregion Basel

Ambiente Innenräume 5
Garten, Park, Terrasse 5
kinderfreundlich 5
Preisklassen 2, 3

mit drei Etagen, der 2007 in Betrieb genommen wurde, übernachtet man in Design-Zimmern. Der gläserne Verbindungsbau macht es möglich, dass man auf jeder Etage vom «Historic» ins «Design» wechseln kann. Um dem Thema Wasser von Bad Bubendorf gerecht zu werden, wurde ein Gesamtkunstwerk realisiert, das einen Besuch lohnt: der Ursprung des Hauses, die Solequelle sprudelt in einem Weinkeller immer noch. Der Boden in den Hotelgängen ist mit Kieselsteindekor-Teppichen belegt, die Wände sind mit Schwemmholz dekoriert, die Waschtische mit in Harz gegossenen Kieselsteinen belegt.

Das Bad Bubendorf hat vier Standbeine. Privat- und Geschäftskunden, Gesellschaften (Bankette), Seminare und Spitzengastronomie. Das letztgenannte Standbein ist ziemlich italienisch. In der Osteria Tre gibt ein waschechter Italiener den Ton an. Man ist doch ein wenig überrascht, dass Gault-Millau-Tester dem Lokal neu 15 Punkte gegeben haben, wenn man weiss, dass es italienische Lokale schwer haben, in der rot-weissen Bibel aufgenommen zu werden.

Wenn die 50 Plätze in der Osteria Tre ausgebucht sind oder man Lust auf Abwechslung hat, stehen den Gästen das Restaurant im Wintergarten, die Wirtschaft zum Bott oder die Gartenwirtschaft offen. Eine Bar Lounge und eine Weingrotte stehen dem Gast ebenfalls offen.

Entspannung im Baselbieter Jura

Bad Ramsach, Läufelfingen

Ob über den Hauenstein, mit dem Läufelfingerli durch den Tunnel von Olten oder von Basel im obersten Dorf des Homburgertales ankommend, immer wird man wie benommen sein von der Schönheit dieser Juralandschaft. Mitten im Dorf zeigt der Wegweiser, mit unserem Ziel «Bad Ramsach», in die Höhe. Wer zum ersten Mal hier auf den 740 Meter hohen Berg fährt, kommt rasch ins Zweifeln, ob er noch richtig ist und nicht auf den Jurahöhen landet. Idyllisch liegt das grosse Anwesen inmitten von Wiesen und Mischwäldern.

Bad Ramsach
4448 Läufelfingen
Telefon 062 285 15 15
Fax 062 285 15 00
www.bad-ramsach.ch
hotel@bad-ramsach.ch

Ferien-, Seminar- und Kurhotel
Gastronomie

Vreni und Gabi Kälin, Paul Schmutz, Geschäftsleitung

Schon die Römer schätzten Läufelfingen, weil hier die Sonne dominiert und die Nebeltage selten sind. Entscheidend war natürlich aber die strategische Lage an diesem wichtigen Juraübergang von Süd nach Nord. Im 7. Jahrhundert lösten die fränkisch-alemannischen Zuwanderer die Römer ab. Im Jahre 1240 erbaute Graf Hermann von Froburg die Homburg, die dem Tal noch heute den Namen gibt. Die Besitzer wechselten, Landvögte wurden eingesetzt. Nach dem Bauernaufstand im 17. Jahrhundert wurden sechs Läufelfinger Rädelsführer in Basel hingerichtet. 1798 zündeten Landsleute, angestachelt durch die Ideen der Französischen Revolution, die Homburg an und brannten sie nieder. Aber erst 35 Jahre später wurde der Kanton Baselland gegründet und Läufelfingen unabhängig.

Nach dem kleinen geschichtlichen Rückblick auf die Entwicklung des Dorfes, das heute rund 1300 Einwohner zählt, kommen wir direkt zum Objekt unserer Begierde. Das Bad Ramsach liegt am Nordwesthang des Wisenberges. Die Quelle des Ramsacher Heilwassers entspringt gut 350 Meter oberhalb des Hotels. Sie wurde im 15. Jahrhundert erstmals urkundlich erwähnt. Der

Mergel, ein Jura-Muschelkalk, mineralisiert das Ramsacher Heilwasser. In der Stunde sprudeln ca. 2500 Liter. Das Kalzium-Sulfat-Wasser schmeckt angenehm mild. Es eignet sich daher hervorragend für Trinkkuren: Es entwässert und festigt Gewebe und Knochen. Also ein Jungbrunnen für die Gesundheit.

Im Bad Ramsach lassen sich Angenehmes und Nützliches hervorragend verbinden. Als anerkanntes Heilbad wird es für Kuren und Erholung (Rehabilitation) verordnet. Man kann sich aber auch einfach der Wellness hingeben oder sich eine Auszeit nehmen, wenn schwierige Lebenssituationen gemeistert werden müssen. Bad Ramsach bezeichnet sich auch als Seminaroase, wo über Grundsätzliches nachgedacht und geredet wird oder wo Visionen für eine bestehende oder eine neue Firma konkretisiert werden. Das Umfeld ist ideal für ungestörtes, kreatives Schaffen.

Saison
ganzjährig geöffnet, Betriebsferien erste Hälfte Januar

Sport/Freizeit/Erholung
Mineralwasser-Hallenbad, Dampfbad, Sauna, Bikes, Nordic Walking, Fitnessarena, Sportplatz, grosses Wander- und Jogging-Gebiet, Entspannungs- und Fitnesslektionen

Ambiente Innenräume 3
Garten, Park, Terrasse 5
kinderfreundlich 5
Preisklasse 2

Die meisten Gäste kommen natürlich in das kleine Ramsacher Paradies, weil sie gutes Essen in einer einfachen, gemütlichen Umgebung schätzen. Die Preise sind moderat, wie das Beispiel des «Schlemmermenüs» (als saisonale Spezialität bezeichnet) zeigt: Sauerkrautterrine auf Knödelsalat – Schalottensuppe mit Kräutercroûtons – Blaues Forellenfilet auf Gemüsebeet, Wildkräutervignette und Safrancreme – Blutorangensorbet – Kalbssteak an Trüffelsauce, Kartoffelbaumkuchen und Wurzelgemüse – Käseauswahl oder Quark-Strudel-Duett. Diese kulinarische Geschichte ist für 78 Franken zu haben und kann mit einer Übernachtung zum Kulinarium erweitert werden. Im Bad Ramsach ist die Küche saisonal und marktfrisch. Das Gleiche kann man auch auf der grossen Terrasse geniessen.

Wer sich nach einem so herrlichen Essen und zwei oder drei Gläschen Wein lieber nicht mehr auf die Abfahrt ins Tal begibt, kann selbstverständlich in komfortablen Zimmern so ruhig schlafen, wie er es vielleicht seit Jahren nicht mehr getan hat.

Die Côte d'Azur des Hallwilersees

Hotel Seerose, Meisterschwanden

Wer wie der Schreibende am Hallwilersee lebt und fünfzig Mal im Jahr am Abend in der Seerose den Sonnenuntergang geniessen darf, ist sicher befangen. Die Faszination, so nah am Wasser den Tag zu feiern oder ausklingen zu lassen, hat bei mir auch nach 60 Jahren nicht nachgelassen. Die Seerose wurde ständig verschönert, vergrössert, kocht klassisch besser als früher und thailändisch auf hohem Niveau und bietet mit dem schönsten Platz im Gesamtkunstwerk im Selbstbedienungsrestaurant direkt am Wasser Speisen zu sehr moderaten Preisen. Felix Suhner ist zwar Hotelier und Besitzer, nie aufgeregt umherjagend, aber auch ein Tausendsassa-Gastgeber.

Hotel Seerose
Classic & Elements
Seerosenstrasse 1
5616 Meisterschwanden
Telefon 056 676 68 68
Fax 056 676 68 88
www.seerose.ch
hotel@seerose.ch

Geschäfts-, Seminar- und Ferienhotel
Gastronomie

Felix Suhner, Hotelier und Gastgeber

Die Siedlung Meisterschwanden dürfte schon im 7. Jahrhundert entstanden sein. Wenn man allerdings die Pfahlbauer in der Stein- und Broncezeit in die geschichtliche Betrachtung miteinbeziehen würde, gäbe es eher ein Buch als ein Porträt über eines der bekanntesten Gastronomieunternehmen im Kanton Aargau. Meisterschwanden zählt heute rund 2500 Einwohner. Die privilegierte Lage zieht viele Menschen an, die ihre Brötchen im Grossraum Zürich verdienen. Der wohl bekannteste Einwohner heisst Nicolas Hayek. Seit vielen Jahrzehnten mit seiner Familie hier sesshaft, ist er vor nicht zu langer Zeit Ehrenbürger geworden. Felix Suhner darf also hoffen.

Die Seerose hat eine wechselvolle Geschichte, mit vielen Hochs und Tiefs. 1921 erstmals erbaut, wurde sie mehrmals von schlimmen Bränden heimgesucht. Auch der heutige Hotelier musste einen solchen Rückschlag verkraften. Felix Suhner hat die Seerose 1997 von seinem Vater übernommen, den Betrieb total renoviert und erweitert und als Hotel Seerose wiedereröffnet. Im Jahre 2003 kam der Erweiterungs- und Hotel-

neubau «Elements» mit dem thailändischen Spezialitäten-Restaurant «Samui-Thai» dazu. Die Erfolgsgeschichte geht weiter ... die Seerose bekommt Auszeichnungen und Preise, auf die viele andere Gastronomie-Unternehmer sicher ein bisschen neidisch sind. Tochterbetriebe sind das Restaurant Mürset in Aarau, das Bad Bubendorf und seit neustem das Sonne Balance Hotel in Eich.

Saison
365 Tage offen

Sport/Freizeit/Erholung
schwimmen, segeln, surfen, Pedaloverleih, Privatstrand, Schifffahrten mit Catering (offizielle Schiffsstation), wandern, biken

Ambiente Innenräume 5
Garten, Park, Terrasse 5
kinderfreundlich 5
Preisklassen 1, 2, 3

In der Seerose kann man sich in jeder Beziehung breit machen. Selbst bei ein paar hundert Gästen kommt keine Platzangst auf. Für gepflegtes Tafeln bietet sich das traditionelle Restaurant Seerose an. Hier gibt es auch eine gedeckte Terrasse mit dem gleichen kulinarischen Angebot. Liebhaber der thailändischen Küche reservieren im Samui-Thai, wo sie von landestypisch gekleideten Gastgeberinnen verwöhnt werden. Die Seeterrasse direkt am See ist in ein Gartenrestaurant mit Bedienung und ein Selbstbedienungsrestaurant unterteilt. Wer will, kann in der Selbstbedienung zuschauen, wie die warmen Speisen mit flinker Hand zubereitet werden. Aus vielleicht zwanzig Salaten wählt man hier aus und stellt den Teller bei der Kasse auf die Waage. Der Preis wird nach dem Gewicht ermittelt.

Weil der Seminarbereich ein sehr wichtiger Teil des Unternehmens ist, sind die Zimmer unter der Woche entsprechend stärker ausgelastet als am Wochenende. Wer von Freitag bis Montag ein Zimmer buchen will, hat gute Chancen, eines zu bekommen.

Wunder sind selten geworden

Restaurant Schlossgarten, Schöftland

Im Laufe der letzten Jahre sind in Schöftland Restaurant um Restaurant verschwunden. Aus der stolzen Agglomerationsgemeinde mit dem bemerkenswerten Kulturprogramm ist gastronomisches Ödland geworden. Und nun dieses Wunder: in der klassisch schönen Schlossanlage mitten im Dorf ist ein Zentrum für Geniesser entstanden, das die Konkurrenz in der Region gleich um Längen schlägt.

Restaurant Schlossgarten
Dorfstrasse 3
5040 Schöftland
Telefon 062 721 52 57
www.schlossgarten-schoeftland.ch
schlossgarten@mitti.ch

Gastronomie

Andrea Siebörger,
Christian Mitterbacher,
Gastgeber

Dort, wo das fast unbekannte Ruedertal ins Suhrental mündet, liegt die Gemeinde mit den heute 3500 Einwohnern. Schöftland gehört mit dem Ruedertal und der Gemeinde Holziken zur westlichen Ecke des Bezirks Kulm. Der Ort wurde Mitte des 7. Jahrhunderts gegründet. 1811 erhielt er vom kleinen Rat des Kantons Aargau das Marktrecht. Seither ist das Dorf so etwas wie Zentrumsgemeinde für die umliegenden kleineren Dörfer. Schöftland ist verkehrsmässig durch die Wynental- und Suhrentalbahn erschlossen und mit verschiedenen Postautolinien gut vernetzt.

Die Schöftler sind mächtig stolz auf ihre neueste Schöpfung: Aus der eher etwas im Dornröschenschlaf liegenden Schlossanlage aus dem 17. Jahrhundert mit vielen Nebengebäuden ist ein Gesamtkunstwerk entstanden, das die oft beklagte Kleinkariertheit Aargauer Randregionen Lügen straft. Im Jahre 2000 erteilte der Gemeinderat einer Arbeitsgruppe den Auftrag, die Nutzungsmöglichkeiten des Schlosses und seiner Nebengebäude, alle unter Denkmalschutz stehend, abzuklären. Aus den erarbeiteten Papieren wurden keine verstaubten Akten. Die Einwohner unterstützten das Projekt und verwirklichten damit ein Stück neue Lebensqualität. Die Pförtnerhäuser wurden

RESTAURANT
SCHLOSSGARTEN
ANDREA & MITTI

Saison
Ganzjahresbetrieb
Café / Bar / Bistro
täglich geöffnet
Gourmetrestaurant
Sonntag und Montag
Ruhetag

Sport / Freizeit / Erholung
wandern, biken, Kultur

Ambiente Innenräume 5
Gartenrestaurant 5
kinderfreundlich 4
Preisklassen 2, 3

renoviert und einer neuen Nutzung zugeführt. Aus der Schlossscheune und einem realisierten Neubau entstand der kulinarische Treffpunkt.

Andrea Siebörger und ihr Lebenspartner Christian Mitterbacher, die in Greppen am Vierwaldstättersee ein Gourmetlokal geführt hatten, bewarben sich bei der Gemeinde Schöftland um die Pacht des neuen Restaurants. Und schon nach dem ersten Jahr zeigt sich: Es war eine gute Wahl. Als Vorteil erwies sich natürlich, dass einmal erkochte Gault-Millau-Punkte vorerst unverändert an eine neue Wirkungsstätte mitgenommen werden dürfen. Damit kamen die Schöftler zu einem 15-Punkte-Lokal mit zwei Hauben wie die Jungfrau zum Kind.

Am schönsten ist es, bei warmem Wetter im romantischen Schlosshof zu essen. Bedrückende Enge kommt hier sicher nicht auf. Im Bistroteil des Schlossgartens gibt es neben den abendlichen A-la-carte-Speisen auch günstige Mittagessen für 20 Franken. Das Obergeschoss ist für kleinere Gesellschaften bestens geeignet.

Pinot de
Salquenem

Paradies über dem Hallwilersee

Hotel Eichberg, Seengen

Fernab vom Verkehr, hoch über dem Dorf und dem Hallwilersee gelegen, garantiert das Zentrum Eichberg mit seinem kulinarischen Angebot und den vielen weiteren Dienstleistungen Streicheleinheiten für die Seele. Die herrliche Aussicht auf die verschneiten Gipfel der Alpen und ins liebliche Seetal lässt den Besucher für einige Stunden den Alltag vergessen.

Hotel Eichberg
Eichbergstrasse 38
5707 Seengen
Telefon 062 777 33 33
Fax 062 777 23 31
www.eichberg.com
info@eichberg.com

Gesundheits-, Ferien- und Seminarhotel
Gastronomie

Familien Wengenmaier und Mahler

In der alemannischen Zeit hiess die Gemeinde See-ingen. Erstmals verbrieft wurde der Ort im Jahre 893 unter dem Namen «Seynga». Aber schon 3000 Jahre v. Chr. lebten neolithische Handwerker am See. Der heute meistbesuchte Ort ist das Wasserschloss Hallwyl, erbaut im 12. und 13. Jahrhundert. Nebst dem Besuch der eigentlichen Schlossanlage kann man auch Dauer- und Wechselausstellungen besuchen. Als die Habsburger 1415 aus dem Aargau vertrieben wurden, kam für die Bewohner statt der Freiheit das nächste Übel: Sie wurden für lange Zeit Untertanen der Berner.

Soweit sich ältere Bewohner erinnern können, pilgerten schon immer viele Ausflügler in diese schöne und intakte Landschaft, die denn auch die Visitenstube des Aargaus genannt wird. Seit über 100 Jahren tuckern die gut besetzten Ausflugsschiffe auf dem See, der seiner kleinen Fläche wegen oft scherzhaft «Halblitersee» genannt wird. Weil das Seeufer praktisch unverbaut ist, eignet sich der Seeweg bestens für den Halbmarathon «Hallwilerseelauf», den Tausende aus dem In- und Ausland wegen der einmaligen Kulisse jedes Jahr im Herbst absolvieren. Wanderer benötigen für die Umrundung ungefähr vier Stunden.

2010 feiert der Eichberg sein 50-jähriges Jubiläum. Anfang 1959 ging die damalige Kuranstalt auf dem Sonnenhügel von den Brüdern Ammann in den Besitz der Familien Mahler und Odermatt über. Das Gut war damals stark vernachlässigt und es waren dringende Renovationen notwendig. Laufend wurde renoviert und es kamen Neubauten dazu. Die Gäste dankten es den Jungunternehmern und sie kamen wieder in Scharen auf den Eichberg. Im Lauf der Zeit entstand ein moderner Betrieb mit den Bereichen Gesundheits- und Ferienhotel, Gastronomie, Bio-Gemüsebau und Landwirtschaft.

Saison
Februar bis Dezember

Öffnungszeiten Gastronomie
Montag und Dienstag Ruhetag, im Winter schliesst das Restaurant am Mittwoch, Donnerstag und Sonntag um 20 Uhr, am Freitag und Samstag um 23 Uhr, bei gesellschaftlichen Anlässen um 24 Uhr

Sport/Freizeit/Erholung
grosser Park, Kinderspielplatz, Wanderwege, Wassersport

Ambiente Innenräume 4
Garten, Park, Terrassen 5
kinderfreundlich 5
Preisklasse 2

Der Eichberg ist ein Paradies für alle. Ganz besonders aber für die Kinder. Selten habe ich auf meinen Reisen einen grösseren Spielplatz gesehen. Ein Eldorado für Buben und Mädchen. Beim einen oder anderen Spielgerät braucht es für die Kleineren vielleicht zu Beginn etwas Mut. Schlafen werden sie nach so viel «Arbeit» so oder so.

Zum Entspannen gibt es einen grosser Park, Spazierwege und viele Ruhebänke mit Aussicht. Wer etwas für die Gesundheit tun will, kann kneippen.

Das kulinarische Angebot ist klassisch und basiert auf Fleisch und Fisch und saisonalem Gemüse und saisonalen Früchten. In jeder Jahreszeit gibt es eine individuelle Speisekarte. Die Räumlichkeiten sind grosszügig, ebenso die neue, geschützte Terrasse mit Sicht ins weite Seetal und in die Alpen. Reservation ist empfehlenswert. Der Ausflugsort ist auch beliebt für einen Kaffee- und Kuchenhalt.

Und noch ein Hinweis zum Winterbetrieb: Im Bauernhaus gleich neben dem Restaurant gibt es ein Fondue- und Raclettestübli, das von Freitag bis Sonntag jeweils abends geöffnet ist. Gesellschaften können auch während der Woche buchen.

Cuisine du soleil mit Weitblick

Restaurant Schloss Schartenfels, Wettingen

Hier oben, hoch über der Badener Klus, stimmt einfach alles: Die Räumlichkeiten, das Ambiente, der schattige Garten, die Aussicht und natürlich die Küche. Cuisine du soleil nennt Gian Riederer seine Art, Köstlichkeiten auf die Teller zu zaubern. Und so nahe bei der Sonne schmeckt es noch einmal viel besser. Wer hier nicht geniessen kann, dem ist nicht mehr zu helfen.

Restaurant Schloss Schartenfels
Schartenfelsstrasse
(bis zum Ende fahren)
5430 Wettingen
Telefon 056 426 19 27
Fax 056 426 19 80
www.schloss-schartenfels.ch
info@schloss-schartenfels.ch

Gastronomie

Denise & Gian Riederer, Gastgeber

Wettingen ist mit fast 20 000 Einwohnern die grösste Gemeinde im Kanton Aargau. Sie könnte sich ohne weiteres auch Stadt nennen. Das wollen die Einwohner aber nicht. So bleibt denn die idyllisch zwischen Lägern und Limmat gelegene Ortschaft eben das grösste Dorf im Kulturkanton. Sogar die Zürcher kennen den Ort, weil sie schon des öftern die Autobahnausfahrt «Wettingen» gesehen haben, wenn sie «über Land» gefahren sind.

Baden und Wettingen sind aus der Grafschaft Baden hervorgegangen, die 1798 in den Kanton Baden eingegliedert wurden. 1803 entstand aus dem Kanton Baden, dem Fricktal und dem historischen Aargau der heutige Kanton. In der Region leben heute rund 100 000 Menschen. Nicht nur bevölkerungsmässig, sondern auch wirtschaftlich ist die Region ein Schwergewicht.

Erreichen kann man das Schloss Schartenfels zu Fuss, mit dem Drahtesel oder mit dem Auto. Die Stretch-Limousine sollte man unten lassen. Die Parkplätze sind für diese Art Transportmittel nicht geeignet. Die Einkehr auf dem Schloss Schartenfels kann auch mit einer kleinen Wanderung verbunden werden. Dann Ausatmen und erst einmal das überwältigende Panorama

geniessen! Wer nun ein tausend Jahre altes historisches Gemäuer erwartet hat, wird enttäuscht sein. 1881 erst liess Gottfried Anner auf dem Lägernsporn ein Rebhäuschen und einen Turm aus Stein und Holz errichten. Nur ein Jahr später erteilte der Gemeinderat die Bewilligung zur Eröffnung einer Sommerwirtschaft. 1894 erfolgte der Ausbau in eine schlossähnliche Anlage. Zwischenzeitlich musste der Turm wegen Baufälligkeit abgerissen werden. 1978 kaufte die Gemeinde die Anlage, baute um und renovierte, so dass das heutige Restaurant Schloss Schartenfels am 30. April 1979 in neuem Glanz eröffnet werden konnte.

Saison
Frühling, Sommer und Herbst 7 Tage offen! Im Winter (1. Oktober bis 31. März) Dienstag und Mittwoch Ruhetag

Sport/Freizeit/Erholung
Schlossleben für grosse und kleine Gäste, die Seele baumeln lassen, wandern

Ambiente Innenräume 5
Schlossgarten 5
kinderfreundlich 4
Preisklassen 2, 3

Denise und Gian Riederer, die Gastgeber auf Schartenfels, verwöhnen mit ihren vielen freundlichen MitarbeiterInnen eine sehr heterogene Kundschaft. An warmen Tagen lässt es sich wunderbar tafeln im Schlossgarten. Wohlfühlen tut man sich aber auch bei Regen und Kälte in einem der wunderschön gestalteten Innenräume. Die Cuisine du soleil, eine marktfrische, kreative Küche lässt keine Wünsche offen. Wenn Sie sich ein wenig Vorfreude bereiten wollen, können Sie die Speisekarte aus dem Internet als pdf herunterladen.

Eine besondere Erwähnung verdient das Brot. Es sind nicht die ewig gleichen aufgebackenen Brötchen, die hier gereicht werden. Nein, sie sind selbst schon Vorspeise: einfach köstlich. An Feiertagen und für besondere Anlässen werden ganze Menüs zum «Thema» zusammengestellt. Für GeniesserInnen die reine Freude.

Passend zur «Sonnenküche» findet man viele Weine aus dem mediterranen Raum, mit Schwerpunkt Italien, Portugal und Spanien. Das gefällt nicht nur den Secondos.

Auch ohne Sesseli bleiben die Menschen dem Hause treu

Kurhaus Weissenstein

Liebe Gäste, Freunde und Bekannte. Heute Abend stellt die Seilbahn Weissenstein ihren Betrieb ein. Der öffentliche Zubringer fällt ersatzlos und auf unbestimmte Zeit aus. In dieser Situation sind wir als Pächter gezwungen, den Betrieb im Winter zumindest vorübergehend zu schliessen. Uns tut es leid, unsere treuen MitarbeiterInnen vorläufig nicht mehr beschäftigen zu können. Wir wissen, dass die Schliessung des Kurhauses als Seminar-, Bankett- und Ferienhotel für unsere treuen Gäste einen Verlust bedeutet. Wir hoffen sehr, dass es uns bald gelingt, erfreulichere Mitteilungen zu machen.
Brigit Leicht und Heinz Blattmann
(aus dem Originalbrief vom 1. November 2009)

Kurhaus Weissenstein
4515 Weissenstein
Telefon 032 628 61 61
Fax 032 628 61 62
www.weissenstein.ch
kurhaus@weissenstein.ch

Brigit Leicht,
Heinz Blattmann, Gastgeber

Das Kurhaus Weissenstein hat eine bewegte Vergangenheit. Oft wechselten Bewirtschafter, Zweck und Äusseres, allein im 19. Jahrhundert wurde es sechs Mal umgestaltet. Es gehörte seit jeher den Herren, später den Bürgern von Solothurn. 1545 wurde anstelle der verfallenen Berghütte ein neues Sennhaus mit zwei Scheunen gebaut. Als der Tourismus auch auf dem Solothurner Hausberg Einzug hielt, wollten die Sennen vom ebenselben Rat das Recht, Gäste beherbergen zu dürfen. Es entstanden Plätze für 10 bis 12 Kurgäste sowie ein kleiner Speisesaal.

Dr. Johann Carl Kottmann machte dann Ende des 18. und im 19. Jahrhundert den Weissenstein mit seinen Molkekuren berühmt. Dank seines Erfolges erwirkte er den Bau eines grösseren Kurhauses, das 1828 eröffnet wurde. Schon 1867 erhielt die Anlage in etwa die heutige Silhouette. Nach der Jahrhundertwende (1900) ging es wieder abwärts: Der Weissenstein konnte mit seinen Molkekuren mit der Konkurrenz in den

Saison
bis 2009 immer 365 Tage offen, Saison 2010: Eröffnung am 1. April (kein Scherz!)

Sport / Freizeit / Erholung
Weissenstein-Museum, Juragarten, Nidlenloch-Höhle, Planetenweg, Schneeschuh laufen, biken, wandern, klettern, Spielecke

Ambiente Innenräume 4
Garten, Park, Terrasse 5
kinderfreundlich 5
Preisklassen 1, 2

Kurorten in den Bergen nicht mithalten. Erst durch die bessere Erschliessung mit der Sesselbahn und der Autostrasse, der steigenden Bedeutung des Weissensteins als Naherholungsgebiet und nicht zuletzt durch die überdurchschnittliche gastronomische Leistung der Wirte kam der Aufschwung wieder zurück. Mit viel Fantasie und grossem Engagement versuchen die Betreiber, das Haus auszulasten, ohne allzu sehr vom Wetter abhängig zu sein.

Kulinarik: Der Weissenstein bietet Wanderern und Bikern Währschaftes, Feinschmeckern Auserlesenes und Festliches für gesellschaftliche Anlässe. Es werden Spezialitäten, Produkte und Lieferanten aus der Region berücksichtigt. Hier ein paar Müsterchen aus der Karte (Herbst 2009): «Soledurner Wysuppe mit gröschtete Brotwürfeli, Soledurner Suure Mocke mit Härdöpfustock und glasierte Rüebli, feini Pilz us dä Wälder gäbe es herrlechs Ragout, mit Gmües, Zibele und säuber gmachte Spätzli».

An schönen Tagen bieten Brigit Leicht und Heinz Blattmann auch für kleinere Budgets in Selbstbedienung «Kleines und Feines» an. Gerade richtig für Familien mit Kindern, Wanderer oder Ausflügler, die gar nicht «gross» essen wollen. Sogar Picknick ist auf der unteren Terrasse im Selbstbedienungsteil erlaubt.

Und das soll jetzt alles gefährdet sein? Nein! Während ich diese Zeilen schreibe (einen Tag vor Heiligabend) sind die Engel besonders hellhörig und tragen positive Gedanken zu den Entscheidungsträgern. Jeder Einzelne kann helfen, dass es weitergeht: Hallo, bitte auf den Weissenstein gehen und Suure Mocke bestellen.

Der Ort für Feinschmecker auf der Mutschellen-Höhe

Wirtschaft zum Stutz, Widen

Vom Mekka der Vegetarier war immer wieder zu lesen, obwohl auf dem Mutschellen stets auch Feines aus Fleisch und Fisch serviert wurde. Dass auch Vegetarier hier gerne einkehren, hat aber schon seinen Grund. Die Vegi-Küche ist sehr kreativ, das Angebot breit und ausgewogen, Augen und Gaumen kommen voll auf ihre Rechnung. Auch Nicht-Vegetarier sollten sich aufs Vegi-Abenteuer einlassen. Sie werden es nicht bereuen.

Wirtschaft zum Stutz
Bremgarterstrasse 64
8967 Widen
Telefon 056 633 13 14
Fax 056 633 72 85

Gastronomie

Romy Herzog-Rogenmoser,
Gastgeberin

Widen boomt seit Jahren. Dank seiner aussichtsreichen, sonnigen Lage am südöstlichsten Ausläufer des Heitersberges und seiner Nähe zu den wirtschaftlichen Zentren Zürich und Limmattal / Baden gehört die Gemeinde zu den bevorzugtesten Wohngebieten im Kanton Aargau. Die Zahlen sprechen eine deutliche Sprache: Hatte die Gemeinde Widen 1960 gerade mal 700 Einwohner, leben heute fast 4000 Menschen hier oben zwischen Reuss und Limmat. Zuzüger kamen zu mehr als 50 % aus dem Kanton Zürich.

In den Stutz reisen die Stammgäste von weit her an. Und sie rühmen den Betrieb in Blogs und Beiträgen von Vegetarier-Plattformen in den höchsten Tönen: So zum Beispiel Susi aus N.: «Rundum ein einzigartiger Hochgenuss! Viel Liebe zum Detail drückt die Herzenswärme der Gastgeberin aus. Was aus der Küche kommt, verwöhnt Auge und Gaumen gleichermassen. Dafür gebe ich einen ganzen Sternenhimmel. Ich komme gerne wieder.» Oder Ursula S.: «Als Vegetarierinnen finden wir nicht nur das Essen, sondern auch die Bedienung, den ganzen Service, das liebevoll gepflegte Lokal und die ganze Philosophie überzeugend.» Mehr kann man sich als Gastgeberin gar nicht wünschen.

Saison
ganzjährig geöffnet, Ruhetage sind Montag und Dienstag, im Dezember immer offen

Ambiente Innenräume 4
Garten, Park, Terrasse 4
kinderfreundlich 4
Preisklasse 2

Beste Grundnahrungsmittel und marktfrische Produkte, nach Möglichkeit biologisch und aus der Region, gehören zum Credo des Hauses. So wie man in der Küche mit der Jahreszeit geht, verwandelt sich auch das Restaurant mit einem jeweils themenbezogenen Dekor. Die Advents- und Weihnachtszeit muss man selber erleben! Das Lädeli und das Frühstück sind weitere Highlights. Des Lobes nicht genug: Der üppige Blumenschmuck zu allen Jahreszeiten ist legendär. Man spürt im Stutz auf Schritt und Tritt, dass man gerne Gastgeber ist und die Gäste herzlich willkommen sind.

Dorfwirtschaft, A-la-carte-Restaurant, Taverne und Kastaniengarten mit Blick in die Innerschweizer Alpen laden zum Einkehren ein. 2010 feiert das Restaurant sein 30-jähriges Jubiläum. Die Gäste dürfen mitfeiern! Reservation ist von Vorteil.

Zentralschweiz

Zug | Unterwalden | Luzern | Schwyz

Romantisch tafeln, kreativ tagen und positiv träumen

Hotel Rigiblick am See, Buochs

Das gepflegte Jugendstilhotel an den Gestaden des Vierwaldstättersees ist ein Geheimtipp. Es vereinigt den Charme der vorletzten Jahrhundertwende mit dem Luxus eines modernen Viersternehotels von heute. Das Restaurant gibt den Feinschmeckern aus nah und fern mit seinem gehobenen Ambiente das Gefühl, eine über dem üblichen Standard liegende Gastlichkeit zu erleben. Gleiches lässt sich von der grossen Gartenterrasse unter den Kastanienbäumen und den grossen, geschmackvoll eingerichteten Zimmern sagen. Die Wohlfühloase mit dem See zu Füssen und den Bergen im Blick.

Hotel Rigiblick am See
Seeplatz 3
6374 Buochs
Telefon 041 624 48 50
Fax 041 620 68 74
www.rigiblickamsee.ch
info@rigiblickamsee.ch

Ferien, Geschäfts- und Seminarhotel
Gastronomie

Claude Rölli, Gastgeber

Buochs bildet mit Ennetbürgen eine politische Gemeinde. Das Dorf ist in den letzten vierzig Jahren förmlich explodiert. Lebten damals noch 2700 Einwohner hier, sind es heute doppelt so viele. Sicher ist die Gegend ein Paradiesgarten, wo man seine Zelte gerne aufschlägt. Eine zusätzliche Attraktivität sind aber auch die moderaten Steuern. Vor tausend Jahren waren hier die Klöster Engelberg und Muri im Freiamt tonangebend. Was wieder einmal mehr zeigt, dass die Geistlichkeit die Schönheit der Landschaft und die Gaben der Natur sehr zu schätzen wusste.

Mitte der Neunziger Jahre erwarb der bekannte Luzerner Briefmarkenhändler Rolf Rölli das Hotel Rigiblick. Seither leitet sein Sohn Claude, ein von der Pike auf ausgebildeter Hotelfachmann, das Unternehmen. Der Hotelbetrieb ist mit fünfzehn Zimmern eher klein. Da erstaunt es nicht, dass Claude Rölli das Schwergewicht auf die Gastronomie legte. Schon bald wurde der Rigiblick zu einem kulinarischen Treffpunkt. Wer auf hohem Niveau kocht, darf keine Durchhänger haben. Das setzt voraus, dass die

Saison
ganzjährig geöffnet,
Betriebsferien im Januar

Sport / Freizeit / Erholung
Alle Wassersportarten, in nächster Nähe sind Frei- und Hallenbad und Tennisplätze, wandern, biken, Wintersport in den nahegelegenen Kurorten

Ambiente Innenräume 5
Garten, Park, Terrasse 5
kinderfreundlich 5
Preisklasse 2

Küchenbrigade unter einem erfahrenen Meisterkoch zuverlässig arbeitet und die Qualität das Mass aller Dinge ist. Rölli bezeichnet sein Gastrokonzept als «Cuisine du marché», die bevorzugt Frischprodukte saisonal richtig einsetzt.

Auf der Speisekarte darf natürlich der Fisch nicht fehlen: Vom Fischknusperli über Lachsstreifen im Orangenfond bis zu pochierten Felchenfilets, Riesenkrevetten oder gebratenem Zander ist alles zu haben. Für den kleinen Hunger gibt es Mini-Portionen. Auch die vegetarischen Gerichte machen Lust aufs Probieren. Schwerpunkte in der Fleischküche sind die Klassiker, die sich gegenüber der Konkurrenz in wesentlich moderateren Preisen symphatisch unterscheiden.

Gepflegt lässt sich im Rigiblick in allen Lokalitäten essen: Anspruchsvolle Gäste werden sich in der «Promenade» oder in der «Dampferecke» niederlassen. In der «Schiffländi» gibt es gut bürgerliche Gerichte, die auch den Geldbeutel ein wenig schonen. Im Gartenrestaurant wird an warmen Tagen getafelt. Vorausgesetzt, man hat sich einen Tisch ergattern können.

Wunderbar kombinieren lässt sich hier eine Schifffahrt mit einem köstlichen Essen unter den Bäumen. Zum Beispiel von Luzern nach Beckenried, wo praktisch alle Schiffe anlegen, und einem kurzen Spaziergang nach Buochs. Wer mit dem eigenen Boot kommt, kann gleich beim Rigiblick anlegen.

Balance am Sempachersee

Sonne Balance Hotel, Eich

Die an Pfingsten 2009 von Seerose-Hotelier Felix Suhner wiedereröffnete Sonne in Eich macht dem Namen alle Ehre. Privilegiert auf der Sonnenseite des Sempachersees gelegen, darf dem Haus ohne Zweifel eine gute Zukunft vorausgesagt werden. Sonne, Balance und See machen hier die Musik.

Sonne Balance Hotel
Seestrasse 23
6205 Eich
Telefon 041 202 01 01
Fax 041 202 01 00
www.sonnebalance.ch
hotel@sonnebalance.ch

Geschäfts- und Seminarhotel
Gastronomie

Stefan und Erika Fuchs,
Gastgeber

Das Wappen von Eich enthält Eicheln, was naheliegend ist. Oft wird etwas herablassend über diese Frucht geredet, die für die Tiere Nahrung ist. Beim Bau der Autobahn haben die Bewohner von Eich in weiser Voraussicht ihre Eicheln respektive ihre Perlen verteidigt. Die Planung sah nämlich die Linienführung über eine grosse Brücke im Dorf vor. Nach langem Kampf obsiegte die Vernunft, verdrückt sich doch nun die Strasse auf einer Länge von 900 Metern in einem Tunnel unter dem Dorf. Als «Vorort» vom wirtschaftlich wichtigen Sursee hat sie so eine grosse Zukunft als Wohngemeinde für lärmgeplagte Bürger. Zudem ist die Sicht auf See und Berge atemberaubend.

Schade nur, dass trotz gegründeter Schifffahrtsgesellschaft Sempachersee AG noch kein Weg auf dem Wasser nach Eich führt. Nach den Plänen der Initianten sollen die Schiffe dereinst beim Sonne Balance Hotel anlegen. Dann kann Felix Suhner seine Gastronomie-Erfahrung vom Hallwilersee auf den Sempachersee bringen!

Der Aargauer Hotelier ging nach Bubendorf zum zweiten Mal fremd. Nach Baselland nun in den Kanton Luzern. Nachdem er die «alte» Sonne in Eich gekauft hatte, baute er sie in nur fünf Monaten um. Obwohl das Gebäude noch nicht einmal 40 Jahre alt war, wurde es rundum erneuert. Wer die Sonne vor

Aussergewöhnlicher Komfort in den Zimmern
Flachbild-TV, Stereoanlage mit I-Pod-Anschluss, gratis W-LAN, Kaffeemaschine

Saison
ganzjährig und 7 Tage die Woche geöffnet
2 Wochen Betriebsferien nach Ansage.
Die Sonne-Lounge ist an schönen Tagen auch im Winter geöffnet.

Sport/Freizeit
Fahrrad, Inline-Skating, div. Wassersportarten, eigenes Seebad, wandern, Mountainbiking, Nordic-Walking, Golf

Ambiente Innenräume 5
Garten, Park, Terrasse 5
kinderfreundlich 5
Preisklasse 2

dem Umbau gekannt hat, ist vom Resultat überrascht. Nichts ist mehr wie es früher war. Man kann es auf zwei Nenner bringen: Charme und Eleganz. Leitmotiv ist die Sonne, die sich in den Gastronomie- und Seminarräumlichkeiten, der trendigen Lounge am See und den Zimmern wie ein roter Faden durchzieht.

Sonne Balance Hotel am See, wo die Sonne den ganzen Tag scheint. Da es im Luzernischen ja auch hin und wieder regnet, muss dieser Slogan sinnbildlich gemeint sein. Anspruchsvolle Gäste, die Ruhe suchen oder ein romantisches Wochenende verbringen wollen, sind hier richtig. Die Voraussetzungen für letzteres sind gut: Die Design-Zimmer sind charmant ausgestattet, und dank den riesigen Fenstern kann man vom Bett aus die Sicht auf den See geniessen. Die Einrichtung lässt auch keine Wünsche offen. Flachbild-TV, Stereoanlage mit I-Pod-Anschluss, Internet über W-LAN und Nespresso-Kaffeemaschine stehen bereit.

Das «Chrütli-Menü» kann als 4-Gang- oder 3-Gang-Menü bestellt werden. Wer mehr über die Küche wisssen will, geht auf sonnebalance.ch. Vorspeisen und Hauptgang aus der Cuisine du soleil haben einen südlichen Einschlag. Klassiker sind modifiziert worden. So ist das Kalbsgeschnetzelte mit Austernpilzrahm-sauce mit Blumenkohl und Rösti mit dem Zürcher Klassiker verwandt oder verschwägert. Am Mittag gibt es den Balance-Lunch als kleines Menü. Und am Nachmittag warten süsse Leckereien und Snacks auf die Gäste.

Die Lounge wird viele junge Leute anziehen. Diese Art des Ausspannens ist trendy. Es gibt auch nichts Schöneres, als bei einem guten Tropfen und kleinen Häppchen den Sonnenuntergang am See zu geniessen.

SONNE
BALANCE HOTEL
AM SEE

Bergfrieden wörtlich genommen

Hotel Paxmontana, Flüeli-Ranft

Das stolze Jugenstilhotel steht, von nichts und niemandem bedrängt, auf einer Hügelkuppe im idyllischen Flüeli-Ranft, ehemals Wohn- und Arbeitsort des heiligen Bruder Klaus von Flüe. Das Haus wird laufend nach denkmalpflegerischen Kriterien renoviert. Hier kann man gut essen, schlafen und ausruhen.

Hotel Paxmontana
6073 Flüeli-Ranft
Telefon 041 660 22 33
Fax 041 660 61 42
www.paxmontana.ch
info@paxmontana.ch

Historisches Jugendstilhotel
Gastronomie

Désirée Bleiker
und Diego Bazzocco,
Gastgeber

Fast von jedem Ort im kleinen Kanton Obwalden führt ein Weg nach Flüeli-Ranft. Ausser natürlich von der Exklave Engelberg. Und alles ist hervorragend ausgeschildert. Wer mit den öffentlichen Verkehrsmitteln anreist, fährt mit der S5 bis Sachseln. Hier steigt man nach kurzer Wegstrecke in den Bus, der mindestens stündlich den Berg hinauf kurvt. Flüeli-Ranft gehört zur politischen Gemeinde Sachseln, in der rund 4500 Seelen leben. Sachseln wurde vor allem wegen der Naturkatastrophe im Jahre 1997 «berühmt», als kaum ein Stein auf dem anderen blieb. Heute ist neben Flüeli-Ranft vor allem die Älggi-Alp bekannt, befindet sich hier doch der geografische Mittelpunkt der Schweiz. Und natürlich kommt das bekannteste Birchermüesli der Schweiz von hier.

Der Vorgänger des Paxmontana, das Nünalphorn, wurde Ende des 19. Jh. vom Tourismus-Pionier Franz Hess-Michel als Flachdachbau errichtet. Weil viele Fremde aus allen Gebieten der Welt nach Flüeli-Ranft pilgerten, wurde das Hotel 1906 erweitert. Aus dieser Zeit stammen die vom Heimatstil geprägten Dachaufbauten mit Türmchen. In den Fünfzigerjahren nannten die damaligen kirchlichen Besitzer das Hotel neu Paxmontana (Bergfriede). In den vergangenen Jahren wurde das Haus etappenweise sorgfältig renoviert. Vor Kurzem ist der historische

Saison
April bis Ende Oktober

Ambiente Innenräume 4
Garten, Park, Terrassen 4
kinderfreundlich 3
Preisklasse 2

Hotelpark wiederhergestellt worden. Er bietet Erholung für die Seele. Die Kneipp-Anlage tut das ihre für müde Füsse.

Wenn Nostalgiker und Romantiker Hunger bekommen, müssen sie nicht lange leiden. In der fast 50 Meter langen Veranda mit durchgehender Fensterfront geniesst man die Aussicht aufs Sarneraatal und den gegenüberliegenden Glaubenberg. Zu Tisch kann man auch im ursprünglichen Speisesaal des Hotels sitzen, in dem das Ambiente etwas gehobener ist. An schönen und warmen Tagen wollen selbstverständlich alle auf der Gartenterrasse essen. Hier macht die Melchaa die Tafelmusik.

Das Essen im Paxmontana wird von Testern gerühmt. Sicher auch wegen der qualitativ hochwertigen Frischprodukte aus der Region. Auch Fleisch und Käse kommen vom Nachbarn (aus Giswil und von den umliegenden Alpen). Kräuter werden im Hotelgarten gepflanzt. Auf der Speisekarte hat es vor allem klassische Gerichte. Auch die Vegetarier kommen auf ihre Rechnung und müssen nicht eine Verlegenheits-Gemüseplatte bestellen. Das klassische Angebot wird ergänzt durch saisonale Angebote. Die grosse Dessertkarte lässt vermuten, dass hier oben auch viel «gekäfelt» wird. Die Weinkarte ist gross und enthält mehrheitlich Schweizer Provenienzen.

Von der Alpwirtschaft zum Feinschmeckerlokal

Wirtshaus Herlisberg

Hört oder liest man den Namen Herlisberg, verbindet man diesen sofort mit dem stattlichen Landgasthof, inmitten einer intakten Landschaft, hoch über dem Luzerner Seetal. Die Aussicht auf den Baldeggersee und den gegenüberliegenden Lindenberg ist faszinierend. Herlisberg ist aber auch ein kleines Dorf mit 240 Einwohnern, das sich 2003 der Nachbargemeinde Römerswil angeschlossen hat. Hier oben wirten Sepp & Liselotte Niederberger nicht nur in der Höhe, nein sie kochen auch auf hohem Niveau.

Wirtshaus Herlisberg
6028 Herlisberg (Römerswil)
Telefon 041 930 12 80
Fax 041 930 36 65
www.herlisberg.ch
info@herlisberg.ch

Gastronomie

Sepp & Liselotte Niederberger-Estermann, Gastgeber

Das erste Gesuch für ein Weinschenkrecht auf Lebenszeit stellte Johann Lang aus Herlisberg im Jahre 1844. Das Gesuch wurde vom Gemeinderat empfohlen «kein Haus wäre für eine Wirtschaft geeigneter, der Bittsteller als rechtschaffener Mann bekannt…». Der Regierungsrat des Kantons Luzern lehnte das Gesuch ab. Fünf Jahre später nahm Lang einen zweiten Anlauf. Diesmal waren die Luzerner Herren gnädig. Und so begann Mitte des 19. Jh. die Geschichte des Wirtshauses Herlisberg. Allerdings gaben sich die Wirtsleute in den ersten 50 Jahren die Klinke zu oft in die Hand. Leider konnte ich über die ersten 75 Jahre des 20. Jh. nichts in Erfahrung bringen. Entscheidend sind die letzten 23 Jahre: Seit 1987 führen Liselotte und Sepp Niederberger die Wirtschaft mit grossem Engagement.

In dieser Zeit hat sich hier sehr viel verändert. Die Substanz des bescheidenen Bauernhauses blieb erhalten in all den Jahren, obwohl die Räumlichkeiten mit grossen Investitionen erneuert und verschönert wurden. Ganz besonders sticht bei der Ankunft der Gäste die aussergewöhnlich grosszüge Gartenanlage ins Auge. Zur Familie Niederberger gehören noch drei Buben, aber auch die Angestellten in der Küche und im Service. Rund 20 Mitarbeiter kümmern sich um das Wohl der Gäste.

Wer im Herlisberg tafeln will, hat die Qual der Wahl: an schönen Tagen ist selbstverständlich der grosse Garten Pflicht. Das Haus schützt hier die Gäste gut vor dem Biswind und dem Westwind, sollten sie trotz gutem Wetter einmal aktiv sein. Zum Aussenbereich gehören ebenfalls die Taverne und der Spycher, die für gesellschaftliche Anlässe genutzt werden. Hier können auch Fondue-Partys stattfinden oder Spaghetti-Festivals. Den Möglichkeiten sind fast keine Grenzen gesetzt. Das Restaurant ist eine gemütliche Gaststube, wo man für Kaffee und Kuchen einkehrt aber am Abend durchaus auch gehoben essen kann. Die drei Räume mit A-la-carte-Gastronomie heissen Hirschen-, See- und Ofenstube. Ein grosser Saal rundet das Angebot ab. Schwer-

Saison
ganzjährig geöffnet,
jeweils von 9–24 Uhr

Ambiente Innenräume 4
Garten, Spycher, Taverne, Park, Terrassen 5
kinderfreundlich 5
Preisklassen 2, 3, 4

punkte auf der Karte sind klassische Gerichte von Tieren aus See und Meer, vom Bauernhof und aus dem Wald. Auch Mehrgänger werden angeboten. Vegetarier können einen Sechsgänger zelebrieren. Die Menüs am Mittag gehen nicht auf das heute gängige Preisniveau hinunter. Der Tageshit mit Salat kostet um die 30 Franken, ein Business-Lunch 32.– bis 54.– Franken. Das Wirtshaus Herlisberg ist kein «billiges» Restaurant. Rappenspalter, denen der Preis wichtiger ist als der Genuss, sind hier falsch.

Zwischenhalt mit Bernerplatte im Luzerner Napfgebiet

Landgasthof Hotel Menzberg

Hier oben gehört alles dazu: Ruhe zum Entspannen und Geniessen, eine Aussicht in die Berge und Voralpen, von der man nicht genug bekommen kann, 20 ausgeschilderte Wanderrouten für alle Ansprüche und viel Raum für Gastlichkeit. Sei es im Aussichtsrestaurant, in einer der gemütlichen Gaststuben oder auf der grossen Sonnenterrasse. Für die Kinder sind es paradiesische Verhältnisse. Auf der Speisekarte wartet Währschaftes auf Ausflugsgäste und Wanderer. Wer die Ruhe noch etwas länger geniessen will, logiert in einem der neuen komfortablen Zimmer. Der Landgasthof eignet sich auch für kreative Tagungen und Seminare bestens.

Landgasthof Hotel Menzberg
6125 Menzberg
Telefon 041 493 18 16
Fax 041 493 14 41
www.hotel-menzberg.ch
hotel@hotel-menzberg.ch

Ferien-, Seminar- und Kurhotel
Gastronomie

Familien Schmidlin & Peter, Gastgeber

Menzberg gehört mit dem Dorf Geiss zur politischen Gemeinde Menznau. Hier leben fast 3000 Menschen, von denen viele in einem der 70 Gewerbebetriebe oder im grössten Industrie-Unternehmen der Gemeinde, der Kronospan Schweiz AG, arbeiten. Die Firma hat 450 Arbeitsplätze und stellt hauptsächlich Spanplatten, Laminatböden und andere Spezialitäten aus Holz her. Auch die Landwirtschaft ist mit 140 Betrieben immer noch ein wichtiger Faktor.

Auf der aussichtsreichen Terrasse eines Napfausläufers steht das Dorf Menzberg. Gegründet wurde es 1810 als Pfarrei. Zu ihr gehören auch heute noch neben Menzberg viele Höfe der benachbarten Gemeinden Romoos, Hergiswil und Willisau. Weil das Dorf im Herbst und Winter oft über der Nebelgrenze liegt, bietet es sich als Naherholungsgebiet zum Sonnentanken an.

Vom Kurhaus Kreuz zum Landgasthof Menzberg: Das 1834 als Kurhaus gebaute Hotel wurde während seiner langen, wechselvollen Geschichte für die verschiedensten Zwecke genutzt.

Saison
ganzjährig geöffnet, Betriebsferien Februar/März und Juli, Montag Ruhetag

Sport/Freizeit/Erholung
Bogenschiessen, Goldwaschen, wandern, biken, Käsereibesichtigung, Grillplausch oder Raclette im Party-Schürli

Ambiente Innenräume 3
Garten, Park, Terrasse 4
kinderfreundlich 5
Preisklassen 1, 2

Erst als Molkenkuranstalt, später als beliebter Luftkurort war das ehemalige Kurhaus weitherum bekannt und beliebt. Nach Jahrzehnten mit finanziellen Berg- und Talfahrten und öfteren Handänderungen erwarb 1927 der ehemalige Mittelschullehrer Alois Schmidlin das ganze Besitztum. Ende des Zweiten Weltkrieg verbesserte sich die Wirtschaftslage zusehends und der Betrieb konnte nach und nach zu einem florierenden Hotel- und Gastronomieunternehmen umgebaut werden. Auch die zweite Generation renovierte weiter, baute aus und führte den Betrieb in die Richtung der heutigen Geschäftspolitik: Beherbergung, gepflegte Gastronomie und Seminarveranstaltungen. Es wurde immer darauf geachtet, dass sich alle Schichten der Bevölkerung auf dem Menzberg wohlfühlten. Konkret heisst das: vornehme Gäste und einfache, bescheidene Leute werden mit der gleichen Zuvorkommenheit bedient.

Heute ist die dritte Generation mit den Familien Schmidlin und Peter für eine grosse, heterogene Kundenschar da: Ferien- und

Kurgäste, Wanderer, Ausflügler und Seminarteilnehmer leben friedlich nebeneinander. Allen gemeinsam ist wohl der Wunsch, in diesem kleinen Bergdorf mit seinem natürlichen Liebreiz wieder etwas zur Ruhe zu kommen.

Auf der Speisekarte stehen vor allem klassische Gerichte mit Fleisch von Rind, Kalb, Schwein und Lamm. Ein paar Fischgerichte ergänzen das Angebot. Vegetarier werden zwar nicht mit einer breiten Auswahl verwöhnt, doch kann man hier ein Luzerner Pilzpastetli geniessen, das nur noch selten angeboten wird. Alle Fleischgerichte sind auch als Fitnessteller, ohne Sättigungsbeilage und Gemüse, dafür mit einem erfrischenden Salatbouquet erhältlich. Immer am Dienstagmittag hat die Spezialität des Hauses ihren grossen Auftritt: Bernerplatte mit Siedfleisch, Rindszunge, Speck, Rippli, Wurst, Markbein, Wädli, Salzkartoffeln, Sauerkraut, Bohnen, Rüebli und Schnitz und Drunder.

Schweizer Küche im Restaurant Schwiizer Stube

Swiss Holiday Park, Morschach

Der in seiner Art grösste Ferien- und Freizeitpark der Schweiz im sonnigen Morschach hoch über dem Urnersee kann einiges bieten. Den Gästen steht ein Freizeit- und Erlebnisbad, die Wellness- und Sportanlagen, eine Go-Kart-Bahn, der Hochseilpark, eine Saunalandschaft und Römisch-Irische Thermen zur Verfügung. Letztere gibt es nur fünfmal in der Schweiz. Kulinarisch kann der SHP, wie die Insider die Anlage nennen, ebenfalls mit einem breiten Angebot aufwarten. Drei Restaurants bieten drei sehr unterschiedliche Küchen an: Im «Panorama» gibt es mediterrane Gerichte, im Restaurant «Silk Road» (Seidenstrasse) asiatische und in der «Schwiizer Stube»ist Swissness pur angesagt. Aus allen 26 Kantonen stammen die Rezepte auf der Speisekarte, die an eine ausgedehnte Schweizer Reise erinnern.

Swiss Holiday Park AG
6443 Morschach
Telefon 041 825 50 50
Fax 041 825 50 05
www.swissholidaypark.ch
info@shp.ch

Walter Trösch, Gastgeber

Bis 1864 die Axenstrasse gebaut wurde und ab 1882 die Gotthardbahn dem See entlang dampfte, lag Morschach fast 700 Jahre lang am alten Pilger- und Saumweg über den Gotthardpass. Reisende wurden tief unter Morschach auf Schiffe verladen und nach Flüelen gefahren. 1866 wurde auf der Seite von Brunnen eine Strasse in den Fels geschlagen und damit eine sichere Verbindung geschaffen. Der Sommer- und Winterkurort Stoos gehört ebenfalls zur Gemeinde. Besonders viele Gäste kamen um die Jahrhundertwende aus England, Frankreich und Russland. Um dem Besucheraufmarsch gewachsen zu sein, wurde die Drahtseilbahn Schwyz-Stoos gebaut, die heute noch in Betrieb ist. 1981 kam die Seilbahn Morschach-Stoos als direkte Verbindung dazu.

Sollten die vielen Attraktionen im Swiss Holiday Park nicht genügen, gibt es in der Region ein grosses touristisches

RESTAURANT
SCHWIZERSTUBE

Saison
365 Tage offen

Ambiente Innenräume 4
Garten, Park, Terrasse 5
kinderfreundlich 5
Preisklassen 1, 2

Angebot. Wer am Abend lieber hier übernachtet als nach Hause zu fahren, dem stehen 850 Betten zur Verfügung. Das ist eine eindrückliche Zahl und dokumentiert die grosse Aufgabe des Direktors Walter Trösch, der Strategien entwickeln muss, um möglichst viele Gäste aus allen Herren Ländern nach Morschach zu bringen.

Nach so viel körperlicher Betätigung freut man sich auf ein gutes Essen. Heute besuchen wir die Schwiizer Stube, welche in 4 Räume (Stuben) unterteilt ist. Hier ist das Angebot so schweizerisch, dass kaum jemand sein Lieblingsgericht auf der Karte nicht finden dürfte: Zum Beispiel Bündner Gerstensuppe, Urner Älpler Magronen, Aargauer Gärtner Rösti, Forellenfilet auf Luzerner Art, Muotataler Most Fondue, Glarner Fleischvögel usw. Zusätzlich werden ganze Menüs angeboten. Und alle diese Gaumenfreuden zu moderaten Preisen.

Wer Lust auf Abwechslung hat, kann beim nächsten Besuch im Schweizer «Rust-Park» das Lokal wechseln, wie im Leadtext beschrieben.

Wo der Landtraum täglich geträumt werden darf

Hotel-Restaurant Waldheim, Risch

Hier lässt sich gut sein: Das Waldheim liegt an schöner Aussichtslage hoch über dem Zugersee mit Blick in die Berge. Seit 160 Jahren wirken hier viele Generationen Schriber für das Wohl der Gäste. Ob diese im Hotel logieren, in den 400jährigen antiken Stuben eine Kleinigkeit essen, in den eleganten Restaurants tafeln oder einfach nur einen Kaffeehalt mit Kuchen einlegen, alle sind willkommen. Die Schribers veranstalten auch kulturelle Events mit den verschiedensten Künstlern und Gruppen. Wie es sich für ein Gourmet-Lokal gehört natürlich mit kreativer und auserlesener Begleitung aus der Küche. Man spürt in diesem Haus, das vom Pfarrpfrundhof über Kurhaus mit Luft- und Milchkuren zum gepflegten Hotel und Gastronomiebetrieb mutierte, förmlich Geschichte.

Hotel-Restaurant Waldheim
Rischerstrasse 27
6343 Risch am Zugersee
Telefon 041 799 70 70
Fax 041 799 70 79
www.waldheim.ch
waldheim@waldheim.ch

Geschäfts-, Seminar- und Ferienhotel
Gastronomie

Familie Schriber & Partner, Gastgeber

Risch, Rotkreuz, Buonas und Holzhäusern bilden die politische Zuger Gemeinde Risch. Heute leben rund 9000 Menschen an diesem in jeder Hinsicht privilegierten Ort. Das beweisen auch die vielen grossen Villen bekannter CEO's und Unternehmer. Der Anteil an Ausländern und Niedergelassenen ist überdurchschnittlich hoch: Mehr als ein Drittel der Einwohner haben keinen Schweizer Pass. Sie fühlen sich offensichtlich im mehr als 1000 Jahre alten Ort wohler und weniger bedroht als andernorts.

Der älteste Hausteil des heutigen Hotels ist Ende 16. Jh. datiert. Er hiess damals «Sannt Verenen Matt» und war das eigentliche Messmerhaus. Auch die zur Kirche gehörende Landwirtschaft wurde von hier aus betreut. Sigrist Gregor Lutiger verkaufte 1848 (bei der Geburt der heutigen Schweiz) das gesamte Anwesen mit Landwirtschaft, Weinbau und Wald an den Urahnen des heutigen Besitzers. Er hiess ebenfalls Josef

Saison
Ganzjahresbetrieb, geschlossen 2 Wochen im Oktober, Weihnachten/Neujahr und den ganzen Februar

Sport/Freizeit/Erholung
hoteleigenes Standbad, Golfplatz in Holzhäusern (3 Minuten) und Küssnacht (10 Minuten), verschiedene sportliche Aktivitäten im Sommer und Winter in der Region

Ambiente Innenräume 5
Garten, Park, Terrasse 5
kinderfreundlich 3
Preisklassen 1, 3

Schriber. Erst 1883 wurde das Wirtepatent unter Bernhard Schriber amtlich: «Es sei dem Pedenten Schriber die anbegehrte Padentierung als Speisewirth zu gewähren». Im Jahre 1894 erlangte der Hotelier den Status Tavernenwirtschaft (also mit Beherbergungsrecht). Das Waldheim wurde nun ständig renoviert und ausgebaut. Es folgten verschiedene Anbauten, so 100 Jahre nach dem Beherbungsrecht der neue Hotel- und Seminartrakt.

Über die Qualität der Küche sagt der Gault-Millau-Tester in der Ausgabe 2010 eigentlich alles: «Das schön gelegene Haus am Zugersee ist über 400 Jahre alt, und der Betrieb wird bereits in sechster Generation (Tochter Andrea) von der Familie Schriber geführt. Ungeachtet dieser beachtlichen Tradition wagen wir zu behaupten: Im Waldheim ist noch nie so exzellent gekocht worden wie heute. Wir kamen, um einfach zu essen, wurden aber von einem kulinarischen Feuerwerk überrascht.»

Fisch- und Fleischgerichte spielen auf der Karte des Gourmet-Restaurants die Hauptrolle. Es werden aber auch vegetarische Gerichte angeboten.

Am liebsten sitzen die Gäste natürlich im Gartenrestaurant, wenn das Wetter mitspielt. Äusserst grosszügig lässt sich in der «Veranda» und in den Restaurants «Ennetsee» und «Biddeler» speisen. Hier erlaubt die grosszügige Anordnung der Tische auch ein sehr persönliches Gespräch, ohne dass die Nachbarn mithören. Die Stuben haben wir eingangs schon erwähnt. Mein Favorit ist ganz klar die Veranda.

Essen in getäferten Stuben unter Ahnenbildern

Restaurant Sternen, Walchwil

Herzlich willkommen im alten Wirtshaus am Zugersee. Hier kocht ein berühmter Mann, über den schon so viel geschrieben wurde, dass ich fast ein bisschen Hemmungen habe, auch noch eine «Geschichte» anzuhängen: René Weder. Vielleicht der beste Fischkoch der Schweiz. Jedenfalls bin ich seinen weltberühmten «Röteli», die nur eine kurze Saison haben, in vielen Medien begegnet. Seine Frau Christine verwöhnt mit ihrem Serviceteam die Gäste und sorgt dafür, dass sie sich vom ersten Moment an wohl fühlen.

Restaurant Sternen
Dorfstrasse 1
6318 Walchwil am Zugersee
Telefon 041 759 04 44
Fax 041 759 04 40
www.sternen-walchwil.ch
info@sternen-walchwil.ch

Gastronomie

René und Christine Weder,
Gastgeber

Walchwil und sein Oberdorf Emmetten gehörten als ein Lehen Österreichs den Herren von Hünenberg. Nach verschiedenen Besitzerwechseln kaufte die Stadt Zug 1379 für 450 Gulden die gerichtsherrlichen Rechte von Walchwil und Emmetten. Jetzt war das Dorf eine städtische Vogtei. Schon 1497 erhielten sie das Tauf- und Begräbnisrecht, bauten eine Kirche und fühlten sich recht frei. Während der französischen Revolution erhielt Walchwil die Gemeindeautonomie und damit auch die politische Selbständigkeit. Der liberale Geist scheint sich gut gehalten zu haben. Damals zählte die Gemeinde 817 Einwohner. In der zweiten Hälfte des letzten Jahrhunderts entwickelte sie sich zum modernen Dorf mit bevorzugter Wohnlage und zählt heute 3200 Einwohner.

Nun aber zurück zu den Weders. Sie führen das stattliche Haus, das 1830 erbaut wurde, seit 13 Jahren. René Weder wird oft als Kochkünstler bezeichnet, dessen Kreativität keine Grenzen kennt. Der Stil der Küche ist im Gegensatz zu den Restaurant-Räumlichkeiten modern. Am ehesten vielleicht eine Cuisine française, leicht und bekömmlich nachempfunden. René Weder sagte in einem Interview, dass er ein Purist sei (Purismus ist

GASTHAUS STERNEN

Saison
ganzjährig geöffnet,
Montag und Dienstag
Ruhetag,
Betriebsferien Ende Januar
bis Anfang Februar und
Ende September bis
Mitte Oktober

Ambiente Innenräume 4
Garten, Park. Terrasse 4
kinderfreundlich 3
Preisklasse 3

eine Geisteshaltung, die nach Reinheit der Materie strebt): «Wichtig ist mir, dass der Eigengeschmack der Produkte unverfälscht zur Geltung kommt.» Frische ist für ihn das A und O. Die Fische aus dem Zugersee kauft er meist noch lebend von den lokalen Fischern und lässt sie in eigenen Netzen im See weiterschwimmen.

Wer im Sternen lukullisch tafeln möchte, kann einen Zehngänger aus köstlichen Häppchen bestellen. Die Portionen der einzelnen Teile sind so bemessen, dass man ohne Probleme bis zum Dessert durchhält. Der Genuss ist umso grösser, je mehr Zeit man dafür investiert. Die aktuellen saisonalen Menüs sind auf der Homepage unter Spezialitäten zu finden. Die Gäste können sich selbstverständlich auch nach alter Schule überraschen lassen.

Im Sternen hat man bei der Reservation nicht die Qual der Wahl: Es gibt das Walchwiler Stübli und die Sternen Stube. Bei warmem Wetter und an lauen Abenden kommt der Aufenthalt auf der schönen Seeterrasse einem Theaterbesuch gleich: mit Wasserspiel und Sonnenuntergang. Leider ist bei letzterem eine Zugabe nicht möglich.

Nicht nur für Romantiker

Hotel Central am See, Weggis

Der wohl bekannteste Reiseschriftsteller Mark Twain schrieb 1897, dass Weggis der lieblichste Platz sei, den er je besucht habe. Oft wird der für sein mildes Klima bekannte Ferienort mit der südfranzösischen Riviera verglichen: ein über die Alpen gesprengtes Nizza. Für nostalgische und ganz besonders romantische Weggis-Fans lohnt sich ein Besuch im Traditionshaus «Central am See» von Familie Meyer. An idyllischer Lage direkt am See, wo man beim Essen im Garten den Fischen beim Luftholen zuschauen kann.

Hotel Central am See
Seestrasse 25
6353 Weggis
Telefon 041 392 09 09
Fax 041 392 09 00
www.central-am-see.ch
info@central-am-see.ch

Ferien- und Geschäftshotel
Gastronomie

Stephan und
Diana Meyer-Hinz,
Gastgeber

Etwas mehr als 4000 Menschen dürften hier wohnen, wo die vielen Gäste ihre Ferien oder einen Freitag geniessen. Weggis wurde politisch schon sehr früh aktiv. Im Jahre 1332 treten die Freistaaten Weggis und Gersau dem Bund der Eidgenossen bei. 50 Jahre später verkaufen die «Besitzer» die Weggiser Vogtei für 470 Gulden an die Stadt Luzern. Den Zehnten an ihre neuen Herren zahlen die im fruchtbaren Weggis lebenden Untertanen in natura: Wein, Korn, Mais, Marroni, Nüsse, Obst und Fische. Schon Anfang 16. Jh. entwickelt sich die Schifffahrt stark. Zwischen Meggen und Weggis-Hertenstein wird ein Fährbetrieb eingerichtet. Der «Rigidienst» der Weggiser floriert: Pferdeführer und Lastenträger stehen in den Diensten der ersten Bergtouristen. So entwickeln sich Weggis und Rigi Kaltbad zu beliebten Kur-, Ferien- und Ausflugsorten.

Weggis war schon immer ein Tourismuspionier. So eröffnete es als erster Ort in der Schweiz 1919 sein Lido, wo Männer und Frauen nicht getrennt baden mussten. Seit 100 Jahren spielt ein Kurorchester unter freiem Himmel. Die Tradition der kostenlosen Sommerkonzerte erlebt heute wieder einen Aufschwung. Auch junge Gäste erfreuen sich an den nostalgischen Klängen.

CENTRAL

Saison
Januar bis November

Sport/Freizeit/Erholung
im Garten geheiztes Freibad, Liegewiese, direkter Zugang zum See, hoteleigene Fahrräder, alle Sommer- und Wintersportarten

Ambiente Innenräume 5
Garten, Park, Terrassen 5
kinderfreundlich 3
Preisklassen 2, 3

Seit 1926 nennt sich Weggis auch Dorf der Rosen und es findet jedes Jahr ein Rosenfest statt. Höhepunkt in jüngster Zeit war sicher im Frühjahr 2006 der fünffache Fussball-Weltmeister Brasilien, der sich in Weggis auf die WM in Deutschland vorbereitete.

Das Hotel Central am See ist eine Symbiose von Moderne und Jugendstil. Charme, Eleganz und Romantik verschmelzen zu einer unvergesslichen Einheit. Direkt am sich immer wieder farblich verändernden See gelegen, bietet das Hotel Ruhe, Beschaulichkeit und das Ambiente für Anspruchsvolle. Hier können Menschen, die Zeit und Lust haben, die Seele baumeln lassen.

Nicht nur, denn irgendwann meldet sich das Hungergefühl. Die Gastronomie ist nebst der Hotellerie das Kerngeschäft der Familie Meyer. Das Haus pflegt eine leichte klassische Küche mit mediterranem Einschlag. Schwerpunkt auf der Karte sind die vielen köstlichen Fischgerichte. Das Central gehört denn auch zur «Tafelgesellschaft Goldener Fisch». Diese Auszeichnung erhalten nur Betriebe, die sich um den Fisch verdient gemacht haben. Tafeln kann man an schönen und warmen Tagen auf der Seeterrasse, bei kühleren Temperaturen im Wintergarten. Neben den Fischgerichten werden für Fleischliebhaber auch Klassiker wie Cordon bleu oder Piccata milanese angeboten. Im heimeligen Rigi-Stübli gibt es Schweizer Küche.

Das Hotel verfügt über 32 komfortable Zimmer mit einmaliger Aussicht.

Bald 100 Jahre in Frauenhand

Parkhotel Waldheim am Sarnersee, Wilen

Ein kleines, aber wunderschönes Fleckchen Erde ist dieses Obwalden. Dass viele Menschen gerne hier wohnen würden, weiss man nicht erst seit der Debatte um den Verkauf schöner Grundstücke an Besserverdienende. Zum Glück gibt es Oasen in diesem Paradies, wo alle Menschen gleich sind: Zum Beispiel das Waldheim in Wilen am Sarnersee, wo es italienisches Essen gibt.

Parkhotel Waldheim
Wilen
6062 Sarnen-Wilen
Telefon 041 660 13 83
Fax 041 660 23 83
www.waldheim.com
info@waldheim.com

Seminar- und Ferienhotel
Gastronomie

Alexandra Townend Genoni, Hotelière

Wilen ist ein kleiner Vorort von Sarnen, zu dem es politisch auch gehört. Sarnen ist mit fast 10 000 Einwohnern die grösste der sieben Obwalder Gemeinden. Manche sagen auch die schönste, weil der See die Landschaft oft in ein Märchenland verwandelt. Hier wirkt Hotelière Alexandra Townend Genoni, die den Hotel- und Restaurationsbetrieb in vierter Generation führt. Führte, hätte es beinahe geheissen. Das Obwaldner Unwetter von 2005 hat das Parkhotel Waldheim derart verwüstet, dass die Besitzerin den Betrieb für sieben Monate schliessen musste. Gerade, als der direkt am See erstellte neue Garten so richtig «in Blüte» kam und mediterranes Feeling verbreitete, das erweiterte Hotel sich etabliert und das Restaurant mit guten Leistungen in der Zentralschweiz einen guten Namen hatte.

1919 erwarb die Urgrossmutter von Alexandra Townend Genoni, Bertha Stedtfeld, die 1886 erbaute Villa in der stillen Bucht und baute sie in eine Pension um. Ihre Tochter Bertha Bollinger, eine abenteuerlustige und willensstarke junge Frau, holte sich während des ersten Weltkriegs das Rüstzeug für den Hotelberuf in Hotels in London und Paris. Zwar reiste sie nach Korsika statt an den Sarnersee, kehrte aber 1923 mit viel Erfahrung und einem russischen Ehemann ins Waldheim zurück. Doch in Wilen

war ihr ein ruhiges und schönes Leben nicht vergönnt: Die Banken verweigerten der Frau die notwendigen Kredite und die Behörden sprachen ihr wegen der Heirat mit einem Russen das Schweizer Bürgerrecht ab. Bertha Dansky gab nicht auf. Mit eisernem Willen baute sie weiter am Hotel und etablierte die Residenz schliesslich als Pension für Engländer.

Saison
ganzjährig geöffnet

Sport/Freizeit/Erholung
Fitnesstraining im Haus, Badminton (eigener Court), Wassersport, Golf, biken und wandern

Ambiente Innenräume 4
Garten, Park, Terrasse 5
kinderfreundlich 5
Preisklasse 2

Tochter Xenia, verheiratet mit dem Engländer Paul Townend, führte das Werk weiter. Und dies trotz zahlreicher Widrigkeiten. Zwei Brände zerstörten die Residenz, und die Ölkrise kaufte dem Tourismus den Schneid ab. Schweizer Offiziere entdeckten in der Folge das Waldheim als willkommenes Logis, später auch die Sportler.

Alexandra Townend Genoni führt das renovierte Parkhotel mit Begeisterung. «Es ist ein wunderbares Gefühl, spätabends völlig erschöpft ins Bett zu fallen, weil der Betrieb auf Hochtouren läuft», sagt sie in einem Interview. Auch wenn sie sich stark auf Seminargäste ausrichtet, gilt das Waldheim immer noch als Ferienhotel. Einheimische und Gäste aus Mitteleuropa kommen regelmässig nach Wilen, um im schönen Ambiente des neuen Hauses Ruhe zu finden und sich im Restaurant und auf der Terrasse mit der italienischen Küche verwöhnen zu lassen.

Die Chancen stehen gut, dass es im Parkhotel mit der Weiberwirtschaft weitergeht. Es könnte aber auch ein gemischtes Doppel werden: Tochter Enrica und Sohn Dante bereiten sich für die Arbeit im Hotel an der Hotelfachschule Luzern vor.

Cucina Italiana mit Panoramasicht grandioso

Ristorante Röthelberg, Zug

Hoch über den Dächern von Zug steht die alte umgebaute Wirtschaft, die mindestens 200 Jahre alt ist. Dass die Röteli im Zugersee wider Erwarten nichts mit dem Namen des Hauses zu tun haben, wird später noch erklärt. Hier oben verwöhnen Giuso und Brigitte Albertella Gäste, die entweder am liebsten beim Italiener essen oder eine atemberaubende Aussicht als Zugabe zu einem feinen Essen lieben. Mit dieser Kulisse wird die besondere «Cucina Italiana Albertella» zu einem Fest der Sinne.

Ristorante Röthelberg
Blasenbergstrasse 15
6300 Zug
Telefon 041 711 03 80
Fax 041 711 03 66
www.roethelberg.ch
info@roethelberg.ch

Brigitte und Giuso Albertella, Gastgeber

Zu Beginn des 13. Jahrhunderts gründeten die Grafen von Kyburg die Stadt Zug am Ufer des gleichnamigen Sees. Bereits im Jahre 1273 kaufte Rudolf von Habsburg die Stadt Zug sowie Arth am See von der kyburgischen Erbtochter Anna. Sie bauten die Stadtbefestigungen massiv aus. Zug diente wohl den habsburgischen Truppen vor der Schlacht am Morgarten als Sammlungs- und Schutzort. Im 14. und 15. Jahrhundert erwarb die Stadt Zug zunehmend Vogteien rund um den See: Cham, Steinhausen, Hünenberg, Risch und Walchwil. Mit der Verleihung der Reichsfreiheit durch König Sigismund im Jahre 1415 wurde Zug unabhängig und alle habsburgischen Ansprüche erloschen. Heute ist Zug mit 26 000 Einwohnern eine der «grossen» Kleinstädte. Sie hat gleich viele Arbeitsplätze wie hier Menschen leben. Zug ist so etwas wie ein Schweizer Wirtschaftswunder.

Das Haus «Röthelberg» stand früher in der Nähe der St. Verena-Kapelle. Ein Melchior Schell liess es abbrechen und am heutigen Standort neu aufbauen. Hier richtete er eine Wirtschaft ein, die dessen Witwe bis 1822 weiterführte. Wegen ihrer krebsroten Haare, zu jener Zeit wohl eher selten, wurde das Haus von den Gästen «Röthel» genannt. Schon damals genossen die Städter

Saison
ganzjährig geöffnet
Öffnungszeiten 11.30 – 15.00
und 18.00 – 24.00 Uhr,
Sonntag und Montag Ruhetag

Ambiente Innenräume 4
Garten, Park, Terrasse 5
kinderfreundlich 4
Preisklassen 2, 3

hier oben die herrliche Aussicht. Ende des 19. Jahrhunderts wurde die Liegenschaft von Theodor Kümin erworben und gehört heute der Erbengemeinschaft. Im Jahre 2000 wurde das Haus zu einem gemütlichen Restaurant umgebaut.

Wo erfolgreiche Menschen leben, steigen die Ansprüche. Auch diejenigen ans Essen. Am Herd steht der Patron Giuso mit einer kleinen Kochcrew. Selbstverständlich wird in der Pasteria die Pasta echt italienisch selbst gemacht. Die Küche ist marktfrisch und saisonal, so richtig mediterran eben.

Schwerpunkt der Speisekarte, die immer wieder der Saison angepasst wird, bilden Gerichte der gehobenen italienischen Küche: Bistecca di vitello con porcini freschi, gamberoni agli agrumi con riso alle uvette, tonno grigliato mit couscous mediterrano … Weil alles von Grund auf selbst gemacht wird, können die Preise nicht mit denen der Systemgastronomie verglichen werden. Vorspeisen, Pastagerichte und Desserts stehen den «Secondi» in nichts nach. Es ist für mich stets ein Erlebnis, wenn «selbstgemachte» frische Nachspeisen auf der Karte stehen.

Jeder Platz auf der Aussichtsterrasse ist an warmen Tagen heiss umkämpft. Die «Winteraussicht» im Wohlfühl-Restaurant ist jedoch ebenso einmalig. Den Service leitet Brigitte Albertella, eine Schweizerin aus dem Aargau, die ihr Herz an den Italiener Giuseppe verloren hat. Sie liebt ihre zweite Heimat und schätzt vor allem deren herrlichen Weine. Im Keller des Röthelbergs lagern Flaschen aus dem Piemont, aus der Toskana, der Lombardei, aus Umbrien, Apulien, Sardinien, Sizilien und vielen anderen Provenienzen.

RÖTHEL
RISTORANTE
PASTERIA
BERG

Ticino

Schon ein bisschen Italien

Parkhotel Brenscino, Brissago

Herzlich willkommen im Brenscino, zwischen See und Himmel, schreibt der langjährige Gastgeber Martin Faes. Eine schönere Landschaft kann ich mir gar nicht vorstellen: Ascona, Ronco, Brissago und Brissago-Inseln sehen und sterben. So reden natürlich nur unheilbare Romantiker. Für einen Tagesausflug ist das Brenscino ein Grenzfall. Es soll aber Deutschschweizer geben, die ein Tessiner Mittagessen am Lago Maggiore geniessen und gleichentags nach Hause gehen. Schöner ist es, Musse zu haben, Zeit zum Verweilen. Hier bietet sich das Brenscino für ein verlängertes Wochenende an.

Parkhotel Brenscino
Via Sacro Monte 21
6614 Brissago
am Lago Maggiore
Telefon 091 786 81 11
Fax 091 793 40 56
www.brenscino.ch
info@brenscino.ch

Kinder- und familienfreundliches Ferienhotel, Seminarhotel

Martin Faes, Gastgeber

Die Gemeinde Brissago, aufgeteilt in 14 Weiler, von Bassuno, Caccio bis Tecetto und den Isole di Brissago, liegt am Nordufer des Lago Maggiore, südwestlich von Ascona an der Grenze zu Italien. Bevölkerungsmässig ist der Ort einer der stabilsten der Schweiz. Vor vierhundert Jahren wohnten hier 1675 Einwohner, heute sind es 1900. Brissago ist für die Inseln und die Zigarren weltbekannt, für letztere, weil sie krumm sind. Die Zigarren werden auch heute noch von Hand gefertigt. Im botanischen Garten auf der Insel gedeihen dank des milden Klimas über 1500 verschiedene Pflanzenarten.

Das Parkhotel Brenscino gehört einer Non-Profit-Organisation. Vielleicht sind deshalb die Dienstleistungen auch für kleinere Budgets noch erschwinglich. Eine Augenweide ist der hoteleigene Park mit vielen seltenen Pflanzen, exotischen Blumen und alten Bäumen, die umsichtig und mit viel Herzblut gepflegt werden. Feriengäste sind jeweils am Freitagmorgen zu einem geführten Rundgang durch das kleine Paradies eingeladen.

Saison
ca. Mitte März bis
Ende November

Sport/Freizeit/Erholung
Pool-Landschaft mit Bar,
Minigolf, Tennisplatz,
Kegelbahn, Pétanque,
Kinderspielplatz, Tischtennis,
Billard, Sauna

Ambiente Innenräume 4
Garten, Park, Terrasse 5
kinderfreundlich 5
Preisklassen 1, 2

Es hat im Hotel Brenscino für viele Ferienhungrige Platz: 170 Gäste können in modernen, mit allem Komfort ausgestatteten Zimmern übernachten. Alle Zimmer mit Balkon und Panoramasicht.

Müde und hungrig von den vielen Eindrücken, wird es Zeit für ein gutes Essen. Im Restaurant «Blu» und auf der Panoramaterrasse verwöhnt der Küchenchef und seine Brigade die Gäste mit Köstlichkeiten aus der marktfrischen Küche. Im Angebot sind A-la-carte-Gerichte, Tagesmenüs und sättigende Kleinigkeiten. Viele Produkte stammen aus der Umgebung. Fisch und Entenbrust werden im hauseigenen Ofen geräuchert. Jeweils am Donnerstagabend gibt es ein grosses Schlemmerbuffet. Die begleitenden Tessinerklänge sind echt und stimmungsvoll.

Das Kleinod hoch über Lugano ist eine Wohlfühlinsel

Romantik Hotel Villa Carona

Die Villa Carona, ein 200jähriges Patrizierhaus am Rande des Künstlerdorfes atmet viel Geschichte. Wer die kurvenreiche Strasse von Lugano auf den Berg gut gemeistert hat, den erwartet ein kleiner, aber an Kultur überreicher Ort mit alten, gepflegten Häusern, Kirchen, Kapellen und unendlich vielen Kastanienbäumen. Cornelia und Jörg Deubner-Marty führen seit fünf Jahren das Kleinhotel mit 36 Betten. Ob Hotelgast oder Tagesausflügler, beide dürfen sich auf einen schönen, entspannten Aufenthalt und auf ein gutes Essen freuen.

Romantik Hotel Villa Carona
6914 Carona bei Lugano
Telefon 091 649 70 55
Fax 091 649 58 60
www.villacarona.ch
info@villacarona.ch

Ferienhotel
Gastronomie

Cornelia und
Jörg Deubner-Marty,
Gastgeber

Die kleine Gemeinde Carona ist zwar über 1000 Jahre alt, hat aber nicht einmal 800 Einwohner. In der Pfarrkirche San Giorgio, die von einer imposanten Kuppel mit acht Ecken gekrönt ist, kann man eine von Domenico Pezzi gemalte Kopie des Jüngsten Gerichts von Michelangelo bewundern. Weitere Sehenswürdigkeiten sind die Kapelle Madonna d'Ongero und der botanische Garten Parco San Grato, der etwas oberhalb des Ortes liegt und eine grosse Sammlung von Rhododendren, Koniferen und Azaleen hat. Ein beliebter Wanderweg führt vom Monte Salvatore aus über Carona und die Alpe Vicania (die in diesem Buch auch eine tragende Rolle spielt) hinab ins malerische Morcote. Als Büchermacher ist mir die nachstehende überlieferte Anekdote über Carona ins Auge gestochen: Hermann Hesse lernte hier im Juli 1919 seine zweite Frau, Ruth Wenger, kennen. In seiner Erzählung «Klingsors letzter Sommer» spielt der Ort «Kareno» eine zentrale Rolle.

Die Villa Carona südlich des alten Dorfkerns oberhalb des Luganersees wird seit 1951 als Hotel genutzt. Ende des 18. Jh. wurde die Villa von der Mailänder Unternehmerfamilie

Saison
Ende Januar bis November

Sport/Freizeit/Erholung
wandern, biken, joggen, Tischtennis, grosszügiges öffentliches Schwimmbad, Tennisplätze und viel Kultur

Ambiente Innenräume 4
Garten, Park, Terrasse 5
kinderfreundlich 5
Preisklasse 2

Andreoli als Sommerresidenz gebaut. Dass ein altes Tessiner Patrizierhaus zum Hotel wird, ist eher eine Seltenheit. Die heutigen Gastgeber haben die alten Spannteppiche entfernt und teilweise alte Wandbemalungen freigelegt. Das Ziel war, eine historische Umgebung mit heutigem Standard zu ergänzen. Das Hotel ist mit vielen antiken Möbeln ausgestattet. Mutig war sicher die Entscheidung, auf TV in den 18 individuell gestalteten Zimmern zu verzichten. So werden Bücher, die man schon ewig lange lesen wollte, endlich ihrer Bestimmung zugeführt. Übrigens steht im Gemeinschaftsraum eine Flimmerkiste, wo man epochale, unverzichtbare Sendungen doch sehen kann. Und erst noch wie in einer WG.

Die Gartenanlage, die das eigentliche Hotel vom Restaurant trennt, ist ein kleines mediterranes Paradies. Hier sind Sonnen-

liegen, Tischtennis und Tafeln im Freien angesagt. Schattenplätze und Traubenpergola können zum Lesen und Meditieren genutzt werden.

Im gemütlichen, romantischen Restaurant «La Sosta» und auf der Gartenterrasse unter der Pergola werden die Gäste mit einer leichten mediterranen Küche verwöhnt, die auf original italienischer Kochkunst basiert. Es werden nur frische Zutaten verwendet. Wenn immer möglich stammen diese aus der Region. Wer «small is beautiful» liebt und sich im «richtigen Ticino» fühlen möchte, ist hier richtig.

Lady-Power im Ristorante Da Agnese & Adriana

Hotel Stazione, Intragna (Centovalli)

Agnese Broggini hat Tessiner Kochgeschichte geschrieben. Nach vierzig Jahren am Herd hat sie eine würdige Nachfolgerin: Adriana Gamma. Glücklicherweise wurde diese auch gleich noch die Schwiegertocher der Gastgeberin. So kann die Tradition der Weiber-Herrschaft im schönen und beliebten Hotel, unmittelbar beim Bahnhof Intragna, noch lange aufrechterhalten bleiben. Heute ist die äusserst symphatische, aber bestimmte Chefin Gastgeberin aus Leidenschaft. Und Adriana sei ein Geschenk des Himmels, sagt Agnese Broggini.

Hotel Stazione
Ristorante Da Agnese & Adriana
6655 Intragna (Centovalli)
Telefon 091 796 12 12
Fax 091 796 31 33
www.daagnese.ch
da.agnese@bluewin.ch

Ferienhotel
Gastronomie

Agnese und Patrick Broggini, Gastgeber
Adriana Broggini

Eigentlich existiert Intragna gar nicht mehr. Im Herbst 2009 fusionierte das auffällig im Tal der 100 Täler stehende Dorf mit der millionenfach fotografierten Kirche und dem vorgelagerten Viadukt mit Borgnone und Palagnedra zur politischen Gemeinde Centovalli. Mit dazu gehören die Weiler Calezzo, Corcapolo, Costa, Cremaso, Golino, Pila, Rasa, Vosa und Verdasio, die schon vorher mit Intragna eingemeindet wurden. Ob die Schilder am Bahnhof und die Ortstafeln schon ausgewechselt worden sind, weiss ich nicht. Gewöhnungsbedürftig ist es für mich als Heimweh-Tessiner so oder so. Das Tal ist ohne die Hauptarterie Centovallibahn gar nicht denkbar. Nicht in erster Linie wegen der Einheimischen, sondern wegen der vielen Touristen, die von Locarno nach Domodossola in Italien fahren, in eines der Dörfer zwischen Ponte Brolla und Camedo oder in die Wallfahrtskirche «Madonna del Re», unmittelbar nach der Schweizer Grenze.

Im Ristorante Stazione haben immer die Frauen gekocht. Am Anfang Nonna Clementina, die 1965 das Restaurant der jungen Frau ihres Enkels Fabrizio, Agnese Broggini verkaufte. Von der Nonna lernte Agnese die authentische Tessiner Küche kennen

STORANTE della STAZIONE

Saison
März bis Oktober
täglich geöffnet

Sport / Freizeit / Erholung
Ausgangspunkt für viele Ausflüge in der Region, Garten mit Schwimmbad

Ambiente Innenräume 5
Garten, Park, Terrasse 5
kinderfreundlich 3
Preisklassen 2, 3

und lieben. Nun also gibt sie den Stab weiter. Leidenschaftlich gern kocht Adriana den Risotto und die Polenta nach Art des Hauses. Die verschiedenen Restaurant-Tester geben der jungen Köchin gute Noten. Alles andere müsste die Chefin arg enttäuschen, kochte sie doch schon während ihren Lehr- und Wanderjahren in der Region Montreux für so illustre Gäste wie General Guisan, Charlie Chaplin oder Sophia Loren. Eine hochgeschraubte Promiköchin war Agnese aber nie. Sie kann allen Gästen das Gefühl geben, hier König zu sein. Weil im Tessin Hunde in Restaurants keinen Zutritt haben, musste ich einmal für unsere Dackelhündin um Einlass bitten: So e gliini Hundeli got scho, cerco. Das Albergo Stazione und das Restaurant «da Agnese & Adriana» haben von März bis Oktober täglich geöffnet; beide haben eine sehr gute Auslastung. Das war nicht immer so, sagt Signora Agnese: «Die ersten Zeiten waren hart, die Leute gaben damals kein Geld aus fürs Auswärtsessen und die Touristen verpflegten sich aus dem mitgebrachten Lunchpaket».

Heute ist das Haus berühmt. Menschen, die selbst gekochte Köstlichkeiten schätzen, nehmen eine etwas längere Anfahrt in Kauf. Tag für Tag werden Tessiner Spezialitäten aus frischesten Zutaten gekocht. Weekend-Gäste freuen sich über die wunderschönen Zimmer mit der herrlichen Aussicht ins Pedemonte. Und natürlich schon auf den nächsten Besuch ins Centovalli.

RISTORANTE STAZIONE

In jeder Beziehung ein Kraftort sondergleichen

Ristorante Da Enzo, Ponte Brolla

Das mediterrane Klima und die landschaftliche Vielfalt einerseits und das legendäre Dolce far niente haben das Tessin berühmt gemacht. Die hohe Kunst, neben der Arbeit «fünf einmal gerade sein zu lassen», sind typische Eigenschaften der Ticinesi. Dieses Lebensgefühl geniessen sie gerne in einem Grotto. Wer als Gast dem gleichtun will, sucht nicht eines der überlaufenen Open-air-Lokale auf. Er geht zu Da Enzo in Ponte Brolla, weil es da paradiesisch gutes Essen gibt. Die Adresse für Feinschmecker und Lebenskünstler liegt am Eingang des wildromantischen Maggiatales. Mächtige Felsmassive beschützen das Restaurant. Man fühlt sich geborgen.

Ristorante Da Enzo
6652 Ponte Brolla
Telefon 091 796 14 75
Fax 091 796 13 92
www.ristorantedaenzo.ch

Gasthof mit
2 grosszügigen Suiten
Gastronomie

Enzo und Josy Andreatta,
Gastgeber

Ponte Brolla gehört zur politischen Gemeinde Tegna, die genau genommen der unterste Ort im Onsernonetal ist und eigentlich der Anfang des Centovallis bildet. Ponte Brolla und Tegna wollten Anfang dieses Jahrhunderts mit Verscio (berühmt durch das Teatro Dimitri) und Cavigliano zur Gemeinde Pedemonte fusionieren. Die Bevölkerung mochte dieses Projekt aber nicht unterstützen. Ponte Brolla ist weit über die Landesgrenze hinaus bekannt geworden durch die romantischste Badewanne der Schweiz. Ins schäumende und erfrischende Wasser der Maggia stürzen sich mutige Badende in das von der Natur gebaute felsige Wasserbett.

Zur spektakulären Landschaft der Valli, die touristisch dem Locarnese zugeordnet werden, gehörten einst auch die familiären Grotti mit ihrer Cucina nostrana. Dieses aussterbende Modell lebt aber in edleren Lokalen weiter. So eines ist das «Da Enzo»: An warmen Tagen kann man hier in einem Naturparadies tafeln. Auf den Granittischen liegen elegante Stoffsets, mächtige Lindenbäume spenden den Gästen Schatten.

Wenn das Wetter ausnahmsweise nicht mitspielt oder es einfach zu kalt ist, wird ins sorgfältig restaurierte Innere gezügelt. Hier gibt es einen grosser Wintergarten und eine rustikale Saletta ticinese.

Seit zwanzig Jahren wirken hier der gebürtige Südtiroler Enzo Andreatta und seine Frau Josy, die aus der Innerschweiz stammt. Ein Essen im «Da Enzo » ist immer eine festliche Angelegenheit. Vorausgesetzt natürlich, man sitzt nicht in einem Ersatzlokal,

Saison
Anfang März bis Neujahr
Mittwoch und Donnerstag
bis 17.00 Uhr geschlossen

Ambiente Innenräume 5
Garten, Park, Terrasse 5
kinderfreundlich 4
Preisklassen 2, 3

weil man wieder einmal zu spät reserviert hat. Die feinen Aromen der verwendeten marktfrischen Produkte sind verlockend. Serviert wird was die Jahreszeit an Köstlichem hervorbringt. Die Küche wird von Testessern durchwegs über den grünen Klee gelobt. Ganz besonders ihre Kreativität. Die ist gefragt bei den meist anspruchsvollen Gästen, die aus dem ganzen Tessin anreisen, aber meist doch in Locarno oder Ascona residieren.

Schwerpunkt des kulinarischen Angebots sind Klassiker, die mit Fantasie neu kreiert werden: Wolfsbarschfilet im Kartoffelmantel gebraten, Kalbsrückenfilet mit Kohlrabi-Canelloni. Die Karte wechselt viermal im Jahr. Auf einer grossen Schiefertafel steht jeweils das Saisonmenü. Ein Besuch im «Da Enzo», gut geplant und organisiert, wird die Tapetenwechsler glücklich machen.

In der Schweiz wohnen und zu Fuss in Italien shoppen

Tresa Bay Hotel, Ponte Tresa

Vielleicht kommen Sie mit der Schmalspurbahn von Lugano her, mit Schiff, Auto, Fahrrad oder zu Fuss, für alle gilt dasselbe: «Letztes Restaurant vor der Grenze»! Und es ist nicht irgendein beliebiges Lokal, sondern dasjenige des Hotels Tresa Bay samt angegliederter bekannter Pizzeria. Im südlichen Teil des Malcantone direkt am Luganersee mit herrlichem Ausblick auf die Bucht, erwartet es natürlich vor allem Gäste, die an diesem nicht alltäglichen Ort wohnen wollen. Für «Zufallsgäste» oder eben Tapetenwechsler ist es eine besondere Entdeckung. 200 Meter trennen das Tresa Bay von Italien. Vor oder nach dem Essen kann man dort günstig einkaufen gehen. Sollte der Besuch auf den Samstag fallen, ist das Feilschen auf dem Mercato im italienischen Ponte Tresa natürlich Pflicht.

Tresa Bay Hotel
Via Lugano 18
6988 Ponte Tresa
Telefon 091 611 27 00
Fax 091 611 27 09
www.tresabay.ch
info@tresabay.ch

Ferien-, Seminar- und Geschäftshotel
Gastronomie

Familie Iseli, Gastgeber

In Ponte Tresa ist es schwierig, beim Spazieren fünf Minuten auf dem Gemeindegebiet zu bleiben. Der bekannte Ort mit immerhin 800 Einwohnern ist nämlich Rekordhalter: Lediglich 28 Hektaren beträgt die Gesamtfläche. Das ist weniger als ein Drittel eines Quadratkilometers. Sie ist damit flächenmässig die kleinste Gemeinde der Schweiz. Vom Mittelalter bis zum Dammbau in Melide (1847) hatte der Ort strategische Bedeutung für die Verbindungen nach Italien. Schon zu Zeiten der Römer bestand hier wahrscheinlich eine Brücke oder wenigstens eine Furt über die Tresa, die hier die Landesgrenze bildet. Der früher landwirtschaftlich ausgerichtete Ort erlebte in den Sechziger Jahren einen veritablen Aufschwung dank Grenzgängern und vermehrt auch dank den zahlreichen Touristen.

Hier also führt die Familie Iseli seit langer Zeit ihr Hotel- und Gastronomie-Unternehmen. Drei Gruppen von Gästen sind es vor allem, die hier einkehren: Geschäfts- und Seminarkunden,

Saison
365 Tage offen

Sport/Freizeit/Erholung
Wellness-Oase mit Sauna, Dampfbad, Kaltwasserbecken, Relaxzone und Relaxingpool (33°C von September bis Juni), Sommersport, Mercati in Italien, z.B. Ponte Tresa, Luino, Intra usw.

Ambiente Innenräume 3
Garten, Park, Terrasse 3
kinderfreundlich 4
Preisklassen 1, 2

Feriengäste und Tagestouristen. Sie profitieren alle von der guten Infrastruktur, der guten Küche, den komfortabel eingerichteten Zimmern mit Seesicht und dem Wellnessangebot. Und weil sich auch Businessleute wie in den Ferien fühlen, lieben alle das Tresa Bay.

Im Seeterrassen-Restaurant «La Piazza» werden die Gäste mit regionalen und italienischen Gerichten verwöhnt. Wer für einmal nicht Lust auf «Italianità» hat, kann auch international essen. Gekocht wird mit saisonalen Frischprodukten. Fisch- und Grillspezialitäten sind hier sehr beliebt. Zu jeder Jahreszeit gibt es eine neue Karte. Im Tresa Bay gibt es kleine und grosse Gerichte für jedes Budget. Eine Pizzeria ergänzt das breite kulinarische Angebot.

Das Restaurant ist mit 160 Sitzplätzen gross genug, um gesellschaftliche Anlässe durchzuführen.

Claudio

Arbostora: Wo Mensch und Natur die Ruhe finden

Ristorante Vicania, Vico Morcote

Im Herzen des oberhalb von Morcote und Vico Morcote liegenden Gebietes Arbostora befindet sich das gleichnamige Landgut sowie das Schloss von Morcote und die Alpe Vicania. 172 Hektaren unberührte Natur, in der Reben, Oliven und Obst angebaut werden. Bienen-, Pferde- und Eselzucht sind weitere Schwerpunkte. Die Alpe Vicania gehört zu einem grossen Naturschutzgebiet und bietet mit ihren weit nach Süden reichenden Wiesen eine atemberaubende Aussicht. Hier kehren wir ein ins einfache Restaurant Vicania, in dem das Essen mit Liebe und Sorgfalt zubereitet wird.

Ristorante Vicania
Alpe Vicania
6921 Vico Morcote
Telefon 091 980 24 14
www.alpe-vicania.ch
arbostora@bluewin.ch

Gastronomie

Morcote und Gandria sind zweifellos die meistbesuchten Orte am Luganersee. Gandria ist ans Wasser gebaut; mit dem Auto kommt man nur bis zum Dorfeingang. Anders Morcote, das sich mit der Strasse mit den schönen Bürgerhäusern und der wunderbaren Sicht über den See auf das italienische Porto Ceresio von der Schokoladenseite zeigt. Bis zum Bau des Dammes von Melide im Jahre 1847 war Morcote ein wichtiger Umschlagplatz für Güter von und nach Italien. Es besass den grössten Hafen am See. Im Mittelalter hatten hier die Herzöge von Mailand das Sagen. Das schlimmste Jahr in der Geschichte des Ortes war 1432, als nur gerade 7 Familien die Pest überlebten. In Vico Morcote und der Arbostora bauten sich noble norditalienische Familien ihre Sommersitze.

Die Alpe Vicania ist leicht erreichbar: Von Vico Morcote her mit dem Auto oder zu Fuss über bezaubernde Wanderwege. Man trifft hier auch viele Mountainbiker, die diesen paradiesischen Ort gerne besuchen und damit Training und Vergnügen verbinden können. Weil wandern, biken und Ponyreiten hungrig machen, ist das Ristorante Vicania für die sportliche Gruppe ein

Saison
Anfang März bis Ende Oktober
Ruhetage März bis Juni:
Montag und Dienstag
Ruhetag Juli bis Oktober:
Montag

Sport/Freizeit/Erholung
wandern, biken, reiten,
Eldorado für Kinder

Ambiente Innenräume 3
Garten, Park, Terrasse 4
kinderfreundlich 5
Preisklassen 1, 2

Muss. Selbstverständlich sind auch all jene willkommen, die mit dem fahrbaren Untersatz hier oben ankommen.

Die Gaststube mit offenem Kamin, der Portico und die grosse Aussenterrasse laden die Gäste ein, hier ein paar Stunden in einer Umgebung zu verbringen, die Ruhe und Zufriedenheit verspricht. Das «Vicania» bietet sich auch für ein romantisches Abendessen bei Kerzenlicht oder für jede Art gesellschaftlicher Anlässe an. Hier können die Kinder sich frei bewegen und auf den Wiesen spielen und austoben … und die Erwachsenen die freie «Zeit» entspannt geniessen.

Der landwirtschaftliche Betrieb sowie lokale Lieferanten beliefern die Küche mit qualitativ hochstehenden Produkten. Gross geschrieben werde Frische und Saisonalität. Typische Tessiner Gerichte sind der Renner: Als Vorspeise beispielsweise Wildschweinschinken mit gebratenen Pilzen oder Risotto mit getrockneten Feigen und Johannisbeeren, als Hauptgang Kaninchenragout mit Tessiner Beilagen. Die Michelin-Tester haben das «Vicania» mit dem «Bib-Gourmand»-Label ausgezeichnet, das heisst, das Preis-Leistungs-Verhältnis ist ausgesprochen gut.

Wer Lust hat, meldet sich beim Önologen für eine Weindegustation an (ist im Restaurant und im Schloss möglich). Im hauseigenen Laden kann man sich mit Wein aus der Gegend, Grappa, Nocino (Nusslikör), Olivenöl, Honig und Konfitüren eindecken.

Mittelland | Emmental

Bern | Fribourg

Auf dem Heiligenlandhubel

Landgasthof Lueg, Kaltacker

Die Lueg, auch Heiligenlandhubel oder Pöli genannt, ist der schönste und bekannteste Aussichtspunkt im unteren Emmental. Auch Jeremias Gotthelf schreibt über die prachtvolle Aussicht auf diesem herrlichen Fleck Erde in seinem Buch «Eine alte Geschichte zu neuer Erbauung», das 1849 erschienen ist. Im nahegelegenen Landgasthof Lueg, der in den letzten Jahren renoviert und mit einem Hoteltrakt ergänzt wurde, lässt sich gut ausruhen, köstlich essen, trinken und schlafen.

Landgasthof und Seminarhotel Lueg
3413 Kaltacker
Telefon 034 435 18 81
Fax 031 435 18 82
www.lueg.ch
info@lueg.ch

Landgasthof und Seminarhotel
Gastronomie

Jan Matthias Molderings, Gastgeber

Die Lueg ist der Ausflugsort schlechthin. Wenn eine Gruppe mit dem Car über die Lueg fährt und der Chauffeur die Reisenden nicht aussteigen lässt, ist er entweder Ausländer oder nicht ganz bei sich. Hier muss man den kurzen, steilen Aufstieg zum Soldatendenkmal einfach unter die Füsse nehmen. Die Aussicht ist atemberaubend: Bei guter Sicht kann man 300 Berggipfel erkennen. Man muss nicht jeden Namen speichern! Einige unter ihnen mussten wir uns ja ihres besonderen Aussehens wegen in der Schule merken. Carl H. Mann schreibt in seiner ausführlichen Schilderung der Lueg (Ende 19. Jahrhundert): Die ganze herrliche Gebirgswelt thront in unbeschreiblicher Majestät, vom Pilatus bis hinüber zum Moléson. Sogar unser Schulkommandant in der Rekrutenschule fand die Lueg eine Reise wert. Von der alten Kaserne in Wangen an der Aare durften die rund 200 Rekruten auf klapprigen Lastwagen eine Emmentaler Reise machen. Das Picknick auf der Lueg war der Höhepunkt.

Nun wollen wir in die geschichtsträchtigen Räume des Landgasthofs Lueg eintreten. Obwohl alles sehr neu ist, ist der Geist des ehemals alten Gasthofes erhalten geblieben. Die gemütliche Gaststube ist bei Jung und Alt beliebt. Hier kann man auch

Saison
ganzjährig geöffnet,
Betriebsferien im Januar

Sport / Freizeit / Erholung
wandern, biken

Ambiente Innenräume 5
Garten, Park, Terrasse 5
kinderfreundlich 4
Preisklassen 2, 3

Kleinigkeiten essen oder einfach nur den Durst löschen, Kaffee und hausgemachten Kuchen geniessen oder die traditionelle Emmentaler Küche, leichter als früher, sinnlich geniessen. In der grossen Blitzloch-Stube können Gesellschaften bis zu 120 Personen feiern. Wesentlich kleiner ist das Gourmet-Stübli mit schönem Ambiente für Menschen mit etwas höheren Ansprüchen. Der Luegsaal bietet 150 Personen Platz und eignet sich bestens für grosse Bankette oder kulturelle Anlässe. An warmen Tagen ist die Schlacht um einen Platz auf der schönen Terrasse vorprogrammiert. Die Mösli-Bar und die Smokers-Lounge ergänzen das räumliche Angebot.

Man sollte es unbedingt einmal ein Wochenende reservieren, um in einem der 21 Themenzimmer (Gotthelf, Kavalleristen, Harley usw.) zu übernachten.

Rendez-vous der Sinne, des Geistes und der Kultur

Parkhotel Schloss Hünigen, Konolfingen

Das prächtige Anwesen im Emmental aus dem 16. Jahrhundert liegt nur 17 Kilometer von der Hauptstadt entfernt. Eindrücklich ist der grosse Schlosspark mit altem Baumbestand und die legendären Rosenkulturen. Der ehemalige Sitz des Schultheissengeschlechts von May wurde über mehrere Jahre in ein Begegnungszentrum, ein Seminarhotel und einen weitherum bekannten Gastronomiebetrieb umgebaut. Dass dieses multifunktionale Unternehmen eine Erfolgsgeschichte ist, erlebe ich seit zwanzig Jahren im persönlichen Kontakt.

Parkhotel Schloss Hünigen
Freimettigenstrasse 9
3510 Konolfingen
Telefon 031 791 26 11
Fax 031 791 27 31
www.schlosshuenigen.com
hotel@schlosshuenigen.com

Begegnungs-, Seminar- und Kulturzentrum
Gastronomie

Markus Deutsch & Claudia D. Zürcher-Künzi, Gastgeber und Direktion

Die urkundliche Erwähnung des Ortes geht zwar fast 900 Jahre zurück, aber genau betrachtet ist Konolfingen eine der jüngsten politischen Gemeinden der Schweiz. Die Geburtsstunde war in der Silvesternacht 1932/33. Damals wurde der Zusammenschluss der beiden Gemeinden Stalden und Gysenstein (Ortsteile Herolfingen, Ursellen und Konolfingen-Dorf) zur Einwohnergemeinde Konolfingen gefeiert. Geografisch gehört die kleine Stadt mit beinahe 5000 Einwohnern zum Kiesental. Die Erschliessung mit dem öffentlichen Verkehr begann vor 150 Jahren durch die SBB und die erste elektrische Normalspurbahn in Europa mit der Eröffnung der Linie «Burgdorf-Konolfingen-Thun». Viele wissen vermutlich nicht, dass Konolfingen ein Bahnknotenpunkt ist. Hier kreuzen sich die Linien Bern-Langnau im Emmental und Burgdorf-Thun. Stolz sind die Menschen hier auch auf Friedrich Dürrenmatt, der im Pfarrhaus Konolfingen geboren wurde und zu den wichtigsten deutschprachigen Schriftstellern gehört.

Das Parkhotel Schloss Hünigen steht nicht prominent auf einem Hügel, weitherum sichtbar als Macht- und Kulturzentrum. Bescheiden versteckt es sich hinter Gewerbebetrieben und Wohn-

häusern im Ortsteil Stalden. Die Überraschung ist deshalb umso grösser, hier dieses beeindruckende Zentrum zu finden. Wer zum ersten Mal hier einkehrt, wird überwältigt sein von der Vielseitigkeit des Gebotenen. Genauso verhält es sich mit den Räumlichkeiten: Hallersaal 1 bis 5 mit 175 m^2 Gesamtfläche, Scharnachthal, Petermann, Röthenbach, Von Tavel, und Von May heissen die weiteren Säle. Mit Mühle, Schloss, Kätheli und Bubenberg sind die Stuben benannt. Am besten gefällt mir der Saal der Sinne, Rosarium genannt, wo die Gäste in modernem Ambiente von lauter netten Leuten umsorgt und beinahe freundschaftlich mit den kulinarischen Köstlichkeiten des Hauses verwöhnt werden. Könnte ich einen Wohlfühlpreis für

Saison
ganzjährig geöffnet, über Weihnachten und Neujahr geschlossen

Sport / Freizeit / Erholung
grosses kulturelles Angebot, lesen, meditieren, musizieren, wandern, niken

Ambiente Innenräume 5
Garten, Park, Terrasse 5
kinderfreundlich 5
Preisklasse 2

Speiselokale vergeben, würde ihn das Rosarium bekommen. Die Tester von Gault Millau bewerten dies mit 13 Punkten. Mit 15 Punkten müsste die Emmentaler Küche von Hünigen benotet werden. Gastrokritiker lieben eben Speisen, die viele Schweizer aus Prinzip meiden. So gehen Theorie und Praxis oft getrennte Wege. Erwähnung verdient noch das Gartenrestaurant, wo man am liebsten ganzjährig tafeln möchte.

Das Parkhotel Schloss Hünigen ist Gastgeber für externe Seminar- und Tagungsveranstalter. Nicht nur, denn es ist auch Anbieter eines breiten und bedeutenden Kultur-Angebotes (Programm bitte mit Mail bestellen). Neben der Befriedigung der Sinne gehört die Bildung des Geistes hier zur Tradition. Die Atmosphäre im Hause im eher beschaulichen Emmental beeinflusst das kreative Schaffen äusserst positiv.

«Schloss Hünigen – Glanz und Geschichte» heisst ein im Eigenverlag erschienenes Buch von Emil O. Bohnenblust. Das Buch geht zurück bis ins 11. Jahrhundert und beschreibt den Einfluss der damaligen Besitzer auf die Stadt Bern und die Bernburger. Der Bogen reicht bis zu den Geschichten und Anekdoten, die sich im heutigen Kulturzentrum und im Hotel abspielen. Wer mehr über Hünigen wissen möchte, bestellt den Titel am besten beim Verlag Schloss Hünigen.

PARKHOTEL
SCHLOSS HÜNIGEN

Beach House für alle Generationen

Hotel Bad Muntelier am See

Direkt auf dem Röstigraben gelegen, fühlt man sich im Hotel Bad Muntelier noch in der Heimat und auch schon ein bisschen im Welschland. Ein in jeder Beziehung grosszügiges Haus, wo es sich nicht nur herrlich am See tafeln lässt. Es bietet sich auch an, nach einem oder zwei Gläschen zu viel fruchtigem Vully in grossen Zimmern direkt am See den Morgen zu begrüssen. Für ein romantisches Candle-Light-Dinner eignet sich der lauschige Innenhof unter dem grossen Kastanienbaum.

Hotel Bad Muntelier am See
3286 Muntelier
Telefon 026 670 88 10
Fax 026 670 88 11
www.hotel-bad-muntelier.ch
info@hotel-bad-muntelier.ch

Seminar-, Geschäfts- und Ferienhotel
Gastronomie

Barbara & Peter Moos-Fasnacht, Karin Fasnacht, Gastgeber

Nur einen Steinwurf von Murten entfernt, das Jahr für Jahr Touristen aus aller Welt in Scharen anzieht, liegt die eigenständige politische Gemeinde Muntelier direkt am See. Hektik ist hier ein Fremdwort und Grösse relativ: Nur gerade 900 Seelen wohnen in Muntelier. Wovon die Menschen leben, zeigt sich an den Arbeitsplätzen im Dorf. Über 300 Personen sind in der Hotellerie, im Gastgewerbe und in kleinen Dienstleistungsbetrieben beschäftigt. Wie Murten und die umliegenden Dörfer gehört Muntelier zum Seebezirk des zweisprachigen Kantons Freiburg / Fribourg. Der westliche Arm des Zweisprachenlandes wird von allen Seiten bedrängt: von den Kantonen Bern, Waadt und Neuenburg. Die Grenzen verlaufen so chaotisch, dass man nach drei Stunden wandern gut und gerne sechs Mal die Kantonsgrenze überschritten hat.

Das ab 1863 erweiterte Hotel Bad Muntelier entstand aus einem Bauernbetrieb, einer Pinte, einem Seebad sowie einem Tanz- und Theatersaal. Das Hotel ist seit vier Generationen im Besitz der Familie Fasnacht. Heute leiten Barbara & Peter Moos-Fasnacht und Schwester Karin Fasnacht den Betrieb. Sie führen die Tradition ihrer Eltern weiter, ohne dabei die Innovation zu vernachlässigen. Im Jahre 1997 wurde das Beach-House direkt am See erbaut, wo Ferienstimmung und eine ungezwungene

Saison
1. Februar bis 20. Dezember, täglich geöffnet

Sport/Freizeit/Erholung
wandern, biken, eigener Badesteg, Liegewiese, segeln, surfen, reiten, Golfplatz in Wallenried (6 km), Schifffahrt, Kultur

Ambiente Innenräume 4
Garten, Park, Terrasse 5
kinderfreundlich 5
Preisklasse 2

und fröhliche Atmosphäre herrschen. Die Sonnenuntergänge im Beach-House sind legendär und wohl kaum zu topen.

Die Küche im Hotel Bad Muntelier ist saisonal, mit vielen Fischgerichten und Spezialitäten nach Jahreszeit. Geniessen kann man die Gaumenfreuden auf der etwas erhöhten Seeterrasse mit herrlichem Blick auf den See und den Mont Vully, im Speisesaal, im lauschigen Innenhof, in den Bankettsälen und im Bistro. Zu den Fischgerichten passen natürlich die Weissweine der Region ausgezeichnet. Die gut sortierte Weinkarte kann jedoch viele Wünsche erfüllen.

Im Sommer sind die Kinder hier im Paradies. Das Hotel hat einen eigenen Badesteg und eine grosse Liegewiese. Surfen kann man ebenfalls vor der Haustüre.

Vom Schiff an den Mittagstisch

Hotel Schiff am See, Murten

Am Fuss des malerischen Städtchens Murten mit der gut erhaltenen Stadtmauer, den zahlreichen Türmen, dem Schloss, den stattlichen Bürgerhäusern, den Lauben und den Brunnen liegt direkt am Ufer des Murtensees das Hotel Schiff mit seinem Restaurant Lord Nelson. Hier vereinen sich Gastfreundschaft, Westschweizer Charme, gediegenes Ambiente und gutes Essen. Wer den Abgang nicht mehr findet, darf für eine oder viele Nächte auch in komfortablen Zimmern nächtigen.

Hotel Schiff am See – Restaurant Lord Nelson
bei der Schiffstation
3280 Murten
Telefon 026 672 36 66
Fax 026 672 36 65
www.hotel-schiff.ch
info@hotel-schiff.ch

Ferien-, Geschäfts- und Seminarhotel
Gastronomie

Stephan Helfer, Gastgeber

Die heutige Stadt entstand Ende des 12. Jahrhunderts am Südufer des Murtensees. Sie war wie viele andere Städte in der Westhälfte der Schweiz von den Zähringern gegründet worden. Zur Zeit des Interregnums kam die Stadt unter die Schutzherrschaft Savoyens. 1416 fielen die meist aus Holz erbauten Häuser einem verheerenden Brand zum Opfer. Aus Stein wieder aufgebaut, kam die Stadt 1476 anlässlich der siegreichen Schlacht der Eidgenossen gegen Karl den Kühnen ins europäische Geschichtsbewusstsein. Ein Jahr zuvor musste sich Murten den Freiburgern und Bernern unterwerfen und wurde zur Gemeinen Herrschaft der beiden Stände. Die französische Revolution machte in Murten alles neu. Die Stadt verlor die alten Rechte und wurde 1803 gegen ihren Willen von Napoleon dem Kanton Freiburg/Fribourg zugeteilt. Murten hat sich vor allem nach dem zweiten Weltkrieg wirtschaftlich stark entwickelt, viele neue Einwohner liessen sich hier nieder und Industrie und Gewerbe dehnten sich aus.

Auch das Hotel Schiff hat eine wechselvolle Geschichte hinter sich. Die Grundmauern des Hauses gehen auf das 16. oder 17. Jahrhundert zurück. Die Schultheissen von Bern und Freiburg erteilten dem damaligen Besitzer Daniel Schmid 1767 das Tavernenrecht. Aus alten Dokumenten geht hervor, dass das

Saison
1. Februar bis 31. Dezember

Sport/Freizeit/Erholung
alle Wassersportarten, Golfplatz und vieles mehr in nächster Umgebung, Schifffahrt, wandern, biken, gratis Tennis und Squash, Bowlingcenter und Gokart in 1,5 km Entfernung

Ambiente Innenräume 4
Garten, Park, Terrassen 5
kinderfreundlich 4
Preisklassen 2, 3

Haus «Cabaret de la Rive» hiess. Den heutigen Namen «Schiff» trägt das Hotel seit Anfang des 19. Jahrhunderts. Bis 1946 wechselten die Besitzer häufig, bis dann Fritz und Martha Lehmann-Etter die Liegenschaft erwarben. Fortan blieb das Hotel Schiff im Familienbesitz. Es folgten Umbauten und Neubauten, so der grosse Saal im ersten Stock. 1969 wurde der «Navy Club» eröffnet, das erste Disco-Dancing der Schweiz. 1976 musste bei einer grösseren Renovation die Jugenstil-Veranda dem Gourmet-Restaurant «Lord Nelson» weichen.

Heute zählt das Hotel Schiff und das Restaurant «Lord Nelson» Feriengäste, Geschäftsleute und Seminarteilnehmer zu seinen Gästen und natürlich alle, die gut essen wollen. Bei schönem Wetter herrscht auf der grossen Seeterrasse und im Gartenrestaurant emsiges Treiben. Das Haus verfügt über diverse Säle und ein Gourmet-Restaurant. Die Lokalitäten eignen sich für Gesellschaften bis 200 Personen.

Den kulinarischen Schwerpunkt haben die Gastgeber auf Fisch und Krustentiere (das Haus gehört zur Tafelgesellschaft zum Goldenen Fisch) sowie Klassiker gesetzt. Die Küche verwendet bevorzugt marktfrische Produkte aus der Region. Grosses Angebot an Weinen aus der Region, aus der Schweiz und aus fremden Weingütern. Für Romantiker liegt das Haus besonders günstig: Wenn das Schiff vor dem Garten des Hauses anlegt, ist man in wenigen Schritten beim reservierten Tisch und kann das feine Essen geniessen, begleitet von einem guten Glas Wein, und dann stressfrei die Rückfahrt über den See- und Kanalweg antreten.

Schiff

Romantik am Ursprung der Emme

Hotel Kemmeriboden-Bad, Schangnau

Im Kemmeriboden-Bad finden die Gäste Tradition und modernen Komfort unter einem Dach. Seit über 200 Jahren wird die Mineralquelle genutzt und vor 150 Jahren wurde das erste Patent zur Bewirtung von Kurgästen erteilt. Der unter Heimatschutz stehende Gebäudekomplex wurde umfassend renoviert. Heute ist der Kemmeriboden ein moderner Gastrobetrieb mit Hotel, den viele Firmen und Institutionen auch für Seminare nutzen. Bei Reto Invernizzi lässt sich köstlich schlemmen. Die Meringues sind weltberühmt.

Hotel Kemmeriboden-Bad
6197 Schangnau im Emmental
Telefon 034 493 77 77
Fax 034 493 77 70
www.kemmeriboden.ch
hotel@kemmeriboden.ch

Ferien- und Seminarhotel
Gastronomie

Reto Invernizzi,
Gastgeber

Schangnau, die oberste Gemeinde im Emmental, blickt auf eine wechselvolle Geschichte zurück. Nicht immer war klar, ob sie dem Kanton Bern oder dem Kanton Luzern angehören solle. Die Erben von Jost zum Walde, ein Berner Patrizier, dem Schangnau gehörte, verkauften den Besitz 1420 für 150 Gulden an die Stadt Bern. Adrian von Bubenberg löste dann 1470 das Problem mit den Dorfgrenzen ein für allemal. Ab 1803 gehörte Schangnau zum Amtsbezirk Signau.

Das kleine Dorf mit den rund 1000 Einwohnern wird vom markanten Gebirgszug des Hogant beschützt. Hier ist die Landschaft noch intakt, die Bauern tragen das ihre dazu bei. Zudem ist ein Drittel des Gemeindegebietes eine «Moorlandschaft von nationaler Bedeutung».

Mitte des 18. Jahrhunderts suchte ein Hans Phendt die Gegend zwischen Sörenberg und Kemmeriboden nach Salz ab. In den eingesandten Wasserproben wurde zwar kein Salz gefunden, doch enthielt das Wasser erstaunlich viel Schwefel und Eisen. Nach 1790 wurde die Quelle vorerst in den Sommermonaten genutzt, dies ungefähr 40 Jahre lang. 1834 erhielt dann ein Friedrich Marti die Bewilligung, im Sommer bei der Mineral-

Saison
ganzjährig geöffnet, Betriebsferien erste Hälfte Dezember

Sport/Freizeit/Erholung
Sprudelnder Holzbottich im Freien, Dampfbad, Sauna, Bikes, Elektrobikes, Nordic Walking, Sportplatz, grosses Wander- und Jogging-Gebiet, Entspannungs- und Fitnesslektionen

Ambiente Innenräume 3
Garten, Park, Terrasse 5
kinderfreundlich 5
Preisklasse 2

quelle zu wirten. Marti war Müllerssohn und investierte seinen Anteil an der Mühle Alchenflüh in den Kauf des Kemmeribodens. Er brachte das Unternehmen zum Blühen, um es dann 1841 an Ulrich Gerber zu verkaufen, den Ur-Ur-Ur-Grossvater der heutigen Besitzerin. 1880–1894 wurde der Kemmeriboden bedeutend ausgebaut und mit einem Kurhaus ergänzt.

Der Kurbeterieb wurde vor einigen Jahrzehnten eingestellt. Nun steht den Gästen statt Wannenbädern ein Holzbottich im Freien zur Verfügung. Im warm sprudelnden Wasser können sie vor oder nach dem Essen wunderbar entspannen.

Die Küche im Kemmeriboden-Bad pflegt eine gehobene Saisonküche, die ihre Produkte meist aus der Nachbarschaft bezieht. Hier eine Kostprobe aus der «Geniesserküche»: Nüsslisalat mit gerösteten Baumnüssen und Croûtons im Körbli – Sämige Suppe von Marroni und Steinpilzen mit Zwetschgenwasser verfeinert – Zartes Rehschnitzel aus der Schrattenfluh mit Holundersauce, garniert mit frischen Eierschwämmchen, dazu hausgemachte Spätzli, Rosenkohl, Rotkraut und glasierte Marroni – und zum Dessert ein hausgemachtes Marroniparfait mit marinierten Waldbeeren. Das Gedicht kostet 65 Franken.

Der Kemmeriboden bietet Jungen und Junggebliebenen ein Romantik-Wochenende an. Die Einzelheiten dazu findet man im Internet.

Im Einklang mit der Natur

Restaurant Forst, Thunstetten

Das Zentrum des Oberaargaus «Langenthal» und seine Umgebung hat dutzendweise kreative Unternehmerpersönlichkeiten, Designer, Erfinder und Künstler hervorgebracht. Gastronomisch betrachtet wird es von guten Köchen aber nicht verwöhnt. Seit die nach dem verheerenden Brand vom 16. Juli 2007 wiederaufgebaute Kalte Herberge trotz klingenden Namen am Herd auch keine Erfolgsgeschichte wurde, schrieben die Feinschmecker-Touristen die Region ab. Zu Unrecht: Es gibt einige konstante Köche. Einen der besten muss man regelrecht suchen zwischen Wäldern und Wiesen. Im Restaurant Forst in Thunstetten.

Restaurant Forst
Forst 101
4922 Thunstetten
Telefon 062 963 21 11
Fax 062 963 20 08
www.restaurantforst.ch
rest.forst@bluewin.ch

Gastronomie

Susanne und
Andreas Koch,
Gastgeber

Thunstetten und Bützberg bilden eine politische Gemeinde mit etwas mehr als 3000 Einwohnern. Die Heirat geschah nicht etwa auf Drängen des Kantons Bern. Die Fusion liegt nämlich hunderte von Jahren zurück! Im Erholungsgebiet Thunstetten gibt es Spannendes zu entdecken. Die Gemeinde ist Mitglied bei SMARAGD, einem grossen europäischen Naturschutzprogramm. Die Mitglieder verpflichten sich, gefährdete Tier- und Pflanzenarten zu schützen. Im Zentrum stehen die Libellen. Wer zu Fuss, mit dem Fahrrad, dem Auto oder Motorrad oder dem öffentlichen Bus den Weg in den Forst schliesslich findet, entdeckt die Natur in all ihren Facetten. Hier einige Stunden auszuruhen, eine kleine Wanderung zu machen, um dann bei Susanne und Andreas Koch köstlich zu speisen, macht glücklich.

Das Restaurant Forst ist ein kleiner Familienbetrieb, der nur dank dem totalen Einsatz der Unternehmerfamilie auf so hohem Niveau kochen und trotzdem überleben kann. Hier hört man von der Küche keine lauten Befehle und die Speisen kommen fast wie von Geisterhand auf den Tisch. Der Forst ist berühmt für

Saison
ganzjährig geöffnet
Dienstag ab 14.00 Uhr und
Mittwoch geschlossen

Sport / Freizeit / Erholung
Eldorado für Wanderer
und Biker

Ambiente Innenräume 3
Garten, Park, Terrasse 5
kinderfreundlich 5
Preisklasse 2

seine Fischküche. Das erstaunt natürlich, weil Fische in dieser Gegend eigentlich gar nichts verloren haben. Andreas Koch hat sich als Fischkoch aber einen so guten Namen gemacht, dass er 2006 von der Tafelgesellschaft zum Goldenen Fisch aufgenommen worden ist. Selbstverständlich kann man auch aus Klassikern und Spezialitäten wählen, wenn man Lust auf ein gutes Stück Fleisch hat. Die Kochs bieten täglich Saisonprodukte als Beilage an. Auch das herrlich duftende Brot backen sie selbst. Das wird auch gerne gegessen und wandert nicht wie in zahlreichen Betrieben üblich in den Körbli-Kreislauf.

Bei schönem Wetter wollen selbstverständlich alle Gäste auf der wunderschönen Terrasse essen. Dies unter einem grossen schattenspendenden Baum, mit freier Sicht auf die Jurakette. Im Speiserestaurant lässt sich natürlich eleganter dinieren, ob gediegenes Kerzenlicht-Dinner zu zweit, ein Essen mit der Familie oder ein kleines gesellschaftliches Event. Als Alternative gibt es noch einen Wintergarten, der eigentlich ein gedeckter Balkon ist.

In der Gaststube trifft man vorwiegend auf Einheimische. Man spürt sofort, dass sich diese Menschen hier zu Hause fühlen und willkommen sind.

Tafeln, tagen und träumen in alten Mauern

Schloss Ueberstorf

Wer den Messingknopf der alten Eichentüre dreht und eingelassen wird, tritt in ein Landschloss, das eine 500-jährige Geschichte hat und inspirierende Geschichten schreibt. Seit Ende des Zwanzigsten Jahrhunderts hat sich das Schloss Ueberstorf als Zentrum von Bildung, Kultur und Genuss etabliert. Unter der Leitung von Rosmarie Furer verwöhnen hier die Schlossgeister die Gäste mit allem, was das Herz begehrt.

Schloss Ueberstorf
3182 Ueberstorf
Telefon 031 741 47 17
Fax 031 741 47 94
www.schlossueberstorf.ch
info@schlossueberstorf.ch

Begegnungs-, Seminar- und Kulturzentrum
Gastronomie

Rosmarie Furer, Gastgeberin und Kunstanimatorin

Wer vom Schloss Ueberstorf redet oder die Gemeinde Ueberstorf mit der attraktiven Lage und der schönen Landschaft dem Kanton Bern zuschlägt, dem ist nicht zu trauen. Er geht wohl den Dingen zu wenig auf den Grund. Das 2300-Seelen-Dorf gehört zur Minderheit der Deutsch Freiburger und ist der fünftgrösste Ort im Sensebezirk. Leider geht dieser Teil des Kantons, zwischen dem mächtigen Bern und der angrenzenden Romandie gelegen, oft einfach vergessen. Dass Kulturschloss Ueberstorf sorgt mit seinem reichhaltigen Programm und der bekannten Küche dafür, dass das Dorf immer öfter nicht schnöde links liegen gelassen wird.

Im Jahre 1505 liess Dietrich von Englisberg das Schloss bauen. Nicht zum Zwecke der Verteidigung mit dicken Schlossmauern und Schiessscharten. Das Haus wurde im Sinne der Renaissance für die sonnigen Tage des Lebens gebaut. Wie fast alle Landsitze wechselte auch Ueberstorf häufig seine adligen Besitzer. Das hatte ein Ende, als 1881 die Ingenbohl-Schwestern das Schloss erwarben. In dieser Zeit entstanden so praktische Einrichtungen wie das Schulhaus, die kleine Kirche, die Gartenlaube, das Waschhaus, die Kaplanei und eine Scheune. Hundert Jahre später erwarb die Anlage der Designer Paul Talmann.

Saison
ganzjährig geöffnet

Sport/Freizeit/Erholung
grosses kulturelles Angebot, lesen, meditieren, musizieren, wandern, baden im Fluss, golfen, fischen

Ambiente Innenräume 5
Garten, Park, Terrasse 5
kinderfreundlich 3
Preisklassen 2, 3

Daniel Spoerri, Jean Tinguely, Meret Oppenheim, Dieter Roth und Bernhard Luginbühl, alles weltbekannte Künstler, belebten das Schloss. Seit 1991 wird das Schloss Ueberstorf von einer privaten Stiftung verwaltet, die es an die Seminar und Kultur AG verpachtete.

Man kann hier in jeder Beziehung aktiv werden. Der königliche Rahmen ist gegeben: Die grosse Liebe könnte hier ihren Anfang nehmen – oder ein Team arbeitet intensiv an der Zukunft seines Unternehmens – vielleicht möchte man einfach nur ausspannen und nachdenken an diesem geschichtsträchtigen Kraftort oder sich wieder einmal mit Herzenslust kulinarisch verwöhnen lassen. Kaum ein Vorsatz, der nicht hier seinen Anfang nehmen könnte.

Die Kreationen des jungen Schlosskochs Moreno Greco sind farbig, fröhlich und kreativ. Sie basieren auf dem saisonalen Angebot von Produkten aus der nahen Umgebung. Wenn immer möglich aus Bio-Anbau und aus artgerechter Tierhaltung. Die von der mediterranen Küche inspirierten Speisen oder Menüfolgen werden meistens dem Anlass angepasst. An Lokalitäten zum Geniessen mangelt es wahrlich nicht. Leuchterzimmer, romantischer Salon, Jugendstil-Gartenlaube, Cheminéeraum und an schönen Tagen der Garten.

Das «Kunstwerk» wäre unvollständig, würde man nicht die von Rosmarie Furer initierten Happenings, auch so etwas wie ritterliche Rituale, erwähnen : Der Temple Culinaire ist ein friedliches und gemütliches gemeinsam zelebriertes Frühstück am Sonntagmorgen (eine Art Schloss-Brunch). Die Konzertmenüs sind stets begleitende Dreigänger, auf dass der Magen nicht knurren möge und die Darbietungen stören würde. Tea Time gibt es für die GeniesserInnen der Nachmittagsstunden. In der kleinen Kapelle werden die Gäste (2–10 Personen) zum Design-Dinner geladen. Alle kulinarischen und anderen Genüsse lassen sich bequem telefonisch buchen.

Hier hat gesundes Essen Tradition

Landgasthof Hirsernbad, Ursenbach

Was soll man nur sagen: wenn die Experten bei Schweiz Tourismus nicht einmal wissen, dass Ursenbach nicht ein lieblicher Fleck im Emmental mit blumengeschmückten Bauernhäusern ist, sondern ein stolzes Oberaargauer Dorf mit recht unterschiedlicher Mentalität? Keine Details, sagen die Kids. Ein zweites Missverständnis klärt sich auch gleich noch: von aussen erahnt niemand, welches Bijou sich hinter der 165-jährigen Fassade versteckt. Dieses Bijou zu entdecken, den absolut einmaligen Garten zu bewundern und die gehobene Bio-Küche zu geniessen, ist Pflicht für Anspruchsvolle.

Landgasthof Hirsernbad
Hirsern
4937 Ursenbach
Telefon 062 965 32 56
Fax 062 965 03 06
www.hirsernbad.ch
hirsernbad@hirsernbad.ch

Landgasthof,
Tagungsort für Gesellschaften

Roger und
Esther Duss,
Gastgeber

Ursenbach liegt in einem Seitental zwischen Langenthal und Huttwil. Sie werden nirgendwo auf der verstopften A1 einen Hinweis auf diesen Kraftort finden. Erstmals erwähnt wurde das Dorf vor fast 900 Jahren im Zusammenhang mit dem Kloster Trub und hiess damals «Ursibach». Die Väter hätten es ruhig weiblich belassen dürfen. Bis ins 19. Jahrhundert gehörte die Gemeinde zur Landvogtei Wangen (an der Aare). Kurz vor der Gründung der neuen Eidgenossenschaft wurde es dem Amt Aarwangen zugeteilt. Weil praktisch alle Einwohner Bauern mit grossen Betrieben waren, arbeiteten viele Karrer, Mägde und Melker mit Familien hier. Nach der Mechanisierung der Landwirtschaft ging die Einwohnerzahl von einst stolzen 1500 auf 900 Einwohner zurück.

Wann genau auf der Hirsern zu wirten begonnen wurde, ist nicht belegt. Sicher ist jedoch, dass dazu das gegenüberliegende Bauernhaus genutzt wurde. 1842 begann die Familie Richard mit dem Bau des heutigen Gasthofs, dessen erster Teil 1843 eröffnet wurde. Gleichzeitig entstand neben dem Gasthaus eine Badehütte. Da es zu dieser Zeit in den Häusern noch kein

Saison
ganzjährig geöffnet
Dienstag und Mittwoch geschlossen

Sport/Freizeit/Erholung
Eldorado für Kinder, wandern, biken

Ambiente Innenräume 4
Garten, Park, Terrasse 5
kinderfreundlich 5
Preisklasse 2

«Badezimmer» gab, nutzten vor allem die Dorfbewohner diese Möglichkeit.

Ende des 19. Jahrhunderts begannen die damaligen Wirtsleute die Werbetrommel zu rühren. Und siehe da, es kamen nicht nur Leute aus Langenthal und der Umgebung. Stolz waren die Wirtsleute, als sie die ersten Gäste aus Zürich empfangen durften. Bald war der Kochherd zu klein und er musste einem grösseren weichen. Ein Kenner meinte, es müsse im Hirsernbad gut gekocht worden sein, denn jetzt kamen auch die Basler. Der Betrieb war auch in der Lage, die unterschiedlichsten Bedürfnisse abzudecken und war ein gern besuchter Ort zum Gesundwerden. Es folgten dann aber schon bald wieder wechselvolle Zeiten. Es kam zu häufigem Wirtewechsel... die Gäste kehrten nicht mehr so zahlreich ein.

Im Jahre 1976 erwarben die Eltern der heutigen Besitzer, Irma und Georges Duss, den Betrieb. Nun waren die Voraussetzungen wieder ideal, das Hirsernbad zu einem Treffpunkt der guten Gastronomie zu machen.

Der Gasthof Hirsernbad strahlt in Stübli und Säli Gemütlichkeit und Wärme aus. Das Ambiente ist sehr gepflegt. Dass man als Biokoch bei den Gault-Millau-Testern Anerkennung finden kann, ist zwar nicht die Regel, hat aber hier seine absolute Berechtigung.

Ende der 80er-Jahre wurde ein alter Berner Spycher restauriert und im grossen Garten aufgebaut. Hier ist nun Apéro-Time. Im ersten Stock befindet sich ein Sitzungszimmer. Vielleicht wird es ja bald zum Fumoir? Die Gartenwirtschaft, die von mir den Tapetenwechsel-Preis erhalten wird, ist zusammen mit Spycher, Kinderspielplatz und Streichelzoo ein Gesamtkunstwerk.

Unter-Emmentaler
Unter-Emmentaler

Familienfreundlicher geht nicht

Hotel Rüttihubelbad, Walkringen

Das Rüttihubelbad vereint Hotellerie und Gastronomie, Kultur und Bildung und gibt älteren Menschen und Hilfsbedürftigen einen Ort zum Sein. In der Dauerausstellung «Sensorium» taucht der Besucher ein in das Erfahrungsfeld der Sinne und noch viel mehr.

Hotel Rüttihubelbad
Wikartswil
3512 Walkringen
Telefon 031 700 81 81
Fax 031 700 81 90
www.ruettihubelbad.ch
restaurant@ruettihubelbad.ch

Zentrum für Ferien, Seminare, Begegnung und Kultur. Nebst Hotel und Restaurant betreibt die Stiftung ein Alterswohn- und Pflegeheim und eine sozialtherapeutische Gemeinschaft.

Beatrice Breitenmoser, Direktion

Im Jahre 1783 entdeckte der Berner Apotheker Benteli auf dem Hof der Familie Schüpbach eine eisenhaltige Heilquelle, liess diese amtlich beurkunden und legte damit den Grundstein für eine rund 200 Jahre dauernde Badekultur auf dem Rüttihubel. Das heilende Wasser und eine weitherum bekannte Emmentaler Küche machten das Rüttihubelbad berühmt.

Vor etwas mehr als zwanzig Jahren kaufte die Stifung Rüttihubelbad das im Konkurs befindliche Unternehmen der Familie Schüpbach (250 Jahre Familientradition) und errichtete auf dem Grundstück das heutige Zentrum mit 10 Gebäuden.

Ein eigenes kleines Dorf bildet die Anlage Rüttihubelbad, die im Weiler Wikartswil liegt, aber zur Gemeinde Walkringen gehört. Obwohl nur 12 Kilometer von der Stadt Bern entfernt, wähnt man sich mitten im Emmental. Die Ruhe der ländlichen Umgebung geniesst man Tag und Nacht, im Hotelzimmer insbesondere, weil es da kein TV gibt. Und damit sind wir auch schon bei den Besitzern des Rüttihubelbades, einer Stiftung mit anthroposophischer Grundhaltung. Zum Sozial-, Kultur- und Tagungszentrum gehören nebst dem Hotel und dem Restaurant ein Alterswohn- und Pflegeheim und eine sozialtherapeutische Gemeinschaft, in der rund 40 Menschen mit einer geistigen oder psychischen Behinderung leben und arbeiten. Das Bildungszentrum bietet ein reichhaltiges kulturelles Programm mit Veranstaltungen aus allen Sparten an. Bis zu 400 Personen finden im grossen Tagungssaal Platz. Die Dauerausstellung «Sensorium» (Erfahrungsfeld der Sinne) zieht jährlich bis zu 50000 Menschen in ihren Bann.

Saison
ganzjährig geöffnet, Sonntag ab 18.00 Uhr und Montag den ganzen Tag geschlossen

Sport / Freizeit / Erholung
riesiger Park, grosser Kinderspielplatz, Gartenschach, Wandergebiet, Dauerausstellung «Sensorium»

Ambiente Innenräume 4
Garten, Park, Terrassen 5
kinderfreundlich 5
Preisklasse 1

Im neu gestalteten Restaurant und auf der grossen Terrasse mit Weitblick werden Emmentaler Gerichte aus saisongerechten biologisch angebauten Frischprodukten und Bio-Fleisch aus artgerechter Haltung angeboten. Beim letzten Besuch gab es ein Salatbuffet à discretion und Feines vom Grill. Kaffee und Kuchen oder einen Drink kann man in der gemütlichen Lounge geniessen, die auch für Gespräche oder zum blossen Entspannen geeignet ist.

Einmalig ist das «Tischlein-deck-dich»-Angebot zu bestimmten Zeiten (siehe Internet): Während die Eltern sich in gediegener Atmosphäre kulinarisch verwöhnen lassen, werden die Kids ab 4 Jahren von BetreuerInnen in das Rüttihubelbad-Schlaraffenland entführt. Das kostet 20 Franken pro Kind und beinhaltet alles: Essen, Getränke, Geschichten, basteln.

Aus der hauseigenen Backstube stammen die bekannten Rüttihubelbad-Spezialitäten, die im Laden bei der Réception erhältlich sind.

Rüttihubelba

Berner Oberland

Immer hoch über dem Alltag und meist über dem Nebel

Restaurant Panorama, Aeschiried

Auf dem sonnigen Hochplateau, dort wo sich die Wege zur Aeschiallmi und ins Suldtal trennen, liegt das Restaurant Panorama. Wer einen monumentalen Bau erwartet hat, wird positiv überrascht sein vom kleinen, symphatischen Gastronomiebetrieb mit den vielen Geschäftsbereichen. Die Feinschmecker aus nah und fern, die eine frische und kreative Küche lieben, kommen immer wieder gerne zu Daniel und Luzia Rindisbacher. Seit mehr als zwanzig Jahren darf ich hier einkehren. Es gibt keine bessere Küche in der Region.

Restaurant Panorama und Panoteca
Aeschiriedstrasse 36
3703 Aeschiried
Telefon 033 654 29 73
Fax 033 654 29 40
www.restaurantpanorama.ch
info@restaurantpanorama.ch

Gastronomie, Panoteca

Luzia und Daniel Rindisbacher, Gastgeber

Aeschi liegt auf dem Bergrücken zwischen Morgenberghorn und Hondrichhügel. Die schöne Lage verdankt das Dorf dem Kander- und Aaregletscher, die nach der letzten Eiszeit eine mächtige Mittelmoräne zurückliessen. Das Wahrzeichen in der Gegend ist der Niesen. Kein anderer Berg im Berner Oberland ist so unverwechselbar und keiner wurde so oft in Bild und Text verewigt. Man kann ihn täglich als Kraftquelle erleben, er gibt Sicherheit und vermittelt ein Heimatgefühl. Dass diese weitherum sichtbare Pyramide den Fremden anfangs auch Angst einflössen kann, sei nicht verschwiegen. Interessant ist die Geschichte der Kirche von Aeschi, die 933 durch Rudolf von Strättligen, König von Neuburgund, gestiftet wurde und zu den ältesten Gotteshäusern der Schweiz zählt.

Geschichtlich Markantes über Aeschiried fand ich bei meinen Recherchen nicht. Dass schon immer viele Bauernfamilien mit Kindern hier oben wohnten, lässt sich aus der Meldung schliessen, dass bereits 1833 ein erstes Schulhaus in Aeschiried gebaut wurde. In schneereichen Wintern kommen die Menschen in Scharen, um den alpinen Wintersport zu geniessen. Ein Skilift

Saison
ganzjährig geöffnet, Montag und Dienstag Ruhetag, Betriebsferien nach Ansage

Sport/Freizeit/Erholung
alle Sommer- und Wintersportarten, Hallenbad im Dorf

Ambiente Innenräume 4
Garten, Park, Terrasse 3
kinderfreundlich 3
Preisklassen 1, 2

mit zwei Sektionen führt über die Aeschiallmend auf den Spitz. Im Winter wird für Langläufer eine 35 km lange klassische Loipe präpariert. Im Sommer und Herbst ist Aeschiried ein Paradies für Wanderer.

Was gibt es nach körperlicher Betätigung Schöneres, als einzukehren im Panorama. Am liebsten natürlich auf der nach Süden gerichteten Terrasse, wo der Aufenthalt an vielen Sonnentagen in allen Jahreszeiten möglich ist. Die Aussicht auf die Niesenkette und die Adelbodner Gipfel ist überwältigend. Wer doch lieber in die Wärme geht, kann wählen zwischen Restaurant und Gourmetstübli sowie Bankettsaal. Neben klassischen Fleischgerichten findet man auf der Karte auch viele Vorspeisen und

sättigende Gerichte im unteren Preissegment. Auf das Essen im Panorama darf man sich immer freuen. Es schmeckt wunderbar und die Küche lohnt auch einen Umweg.

Nachdem der Lebensmittelladen im benachbarten Haus seine Tür für immer geschlossen hatte, rechneten wohl viele Aeschirieder mit dem Schlimmsten. Nicht einmal mehr das Wichtigste für den täglichen Bedarf am Ort einkaufen zu können?! Rindlisbachers bauten die Lokalitäten um und richteten eine Panoteca ein. Pasta aus ihrer eigenen Manufaktur, Weine und viele andere lukullische Lebensmittel können nun hier gekauft werden. Aber auch Brot, Milch, Käse und andere Grundnahrungsmittel sind erhältlich.

Als Gäste kommen – als Freunde gehen

Hotel Seiler au Lac, Bönigen

Alle Wege führen nach Bönigen: die Autobahn, die BLS ab Interlaken-Ost, das Postauto ebenfalls, das bis Iseltwald fährt, und die Brienzerseeschiffe, die Bönigen mit allen Gemeinden um den See verbinden. Bönigen steht vielleicht etwas im Schatten von Interlaken, das im Programm der weltreisenden Gruppen Pflicht ist. Bönigen ist einfach viel lieblicher, bietet totale Seesicht und gibt den Erholungssuchenden das, was sie glücklich macht: Ruhe und Geborgenheit.

Hotel Seiler au Lac
3806 Bönigen bei Interlaken
Telefon 033 828 90 90
Fax 033 822 30 01
www.seileraulac.ch
hotel@seileraulac.ch

Ferien- und Seminarhotel
Gastronomie

Rosemary und
Erwin Zingg-Dinkel,
Gastgeber

1239 wird das Dorf Bönigen erstmals erwähnt, wie so oft in der Schweizer Geschichte eines Streites wegen. Das Dorf liegt am untersten Ende des Brienzersees, es gehört zum Amtsbezirk Interlaken und zählt rund 2200 Einwohner. Ob mediterranes Klima (der See liegt 568 m ü. M.) oder hochalpines Klima (die Rotflue liegt 2300 m ü. M.), man bleibt im Gemeindebann.

Das Hotel Seiler au Lac hat eine privilegierte Lage direkt an den Gestaden des mehrzeitlich dunkelgrün schimmernden Brienzersees. Die Zimmer sind grosszügig und haben meist Balkon mit Seeblick. Das Hotel ist für Bergsportler ein idealer Ausgangspunkt, sind doch Orte in der Jungfrauregion und im Haslital in kurzer Zeit erreichbar. Auch Seminarteilnehmer finden hier ein gutes Umfeld zum Tagen.

Seiler au Lac

Saison
Mitte März bis Ende Oktober,
20. Dezember bis 10. Januar

Sport/Freizeit/Erholung
alle Wasser- und Bergsportarten, reiten, Golf und Tennis in Interlaken, viele Adventure-Sportarten in der Region

Ambiente Innenräume 4
Garten, Park, Terrasse 4
kinderfreundlich 5
Preisklasse 2

Im umgebauten See-Restaurant «La Gare» erwartet die Gäste eine kreative Saisonküche mit Fisch und Klassikern sowie lokale und regionale Spezialitäten. Auch spezielle «Buffets» und Candle-Light-Dinners mit Live-Musik sind ab und zu auf dem Programm. Dem Seerestaurant ist für schöne Tage eine Terrasse angegliedert. Wer Lust hat auf unkompliziertes Essen geht in die hauseigene Pizzeria mit Holzofen. In diesem heimeligen Lokal gibt es nebst ofenfrischen Pizzas Pastagerichte und Grilladen mit frischen Salaten. Eine Pizzeria-Terrasse rundet das Raum-Angebot ab.

Die Verwandlung der Sinne

Grandhotel Giessbach, Brienz

Heute wie vor hundert Jahren ist das romantische Hotel am tosenden Giessbachfall eine Welt für sich. Aus der weiten Ferne über den See zu sehen und die unverbaute Lage machen das Haus zum Märchenschloss. Wer hier tafelt und anschliessend vielleicht die Nacht verbringt, lebt wie ein König.

Grandhotel Giessbach
3855 Brienz
Telefon 033 952 25 25
Fax 033 952 25 30
www.giessbach.ch
grandhotel@giessbach.ch

historische Hotelresidenz,
Ferien- und Seminarzentrum,
eigene Schiffstation

Matthias Kögl,
Direktor

Der Anblick ist aus allen Richtungen atemberaubend. Wer vom See her kommend in Giessbach aus dem Schiff steigt und mit der ältesten Standseilbahn Europas am tosenden Wasserfall entlang zum Hotel hochgefahren wird, hat das Einmalige gewählt. Die Aussicht auf den See und die Bergwelt löst einfach Glücksgefühle aus. Selbstverständlich kann man das Haus auch mit dem Auto von Brienz aus erreichen oder mit dem Axalp-Postauto bis zur Haltestelle Engi fahren.

Hier oben begann alles mit dem Bau eines einfachen Schutzhauses (1822). Es ist der Initiative des Brienzer Pfarrers Daniel Wyss und des Schullehrers Johann Kehrli zu verdanken, dass nach den touristischen Anfängen auf dem einmaligen Platz 1832 das Gasthaus Giessbach eröffnet werden konnte. Die «Fremden», wie Touristen ja auch heute oft noch genannt werden, unterhielt Kehrli mit dem Alphorn, während seine Schüler Lieder vortrugen. Es begann eine wechselvolle Geschichte: ein Herr von Rappard kaufte das Anwesen von den Kehrli-Kindern und baute ein Pensionshaus mit 60 Betten. Verwalter war der Landschaftsgärtner Schmidlin aus Stuttgart, der auch nach dem Verkauf an eine private Dampfschiffgesellschaft Verwalter blieb und das Haus auf 175 Betten vergrösserte. 1870 ging der Betrieb an die Hoteliersfamilie Hauser. Sie baute einen Hotelpalast, in dem nun Fürsten und Könige aus aller Welt verwöhnt

wurden. Das Glück war von kurzer Dauer. 1883 zerstörte ein Grossfeuer das stolze Haus, das aber unverzüglich und noch schöner und grösser wieder aufgebaut wurde.

Während der beiden Weltkriege litt das Hotel unter der Flaute. Der Bürgenstock-Besitzer Frey kaufte es 1947 und renovierte die Anlage von Grund auf. Der Kanton Bern stellte daraufhin die Liegenschaft unter Naturschutz. 1978 schien das Traumschloss dem Untergang geweiht zu sein. Die Besitzerfamilie plante einen modernen Neubau.

Die Organisation «Helvetia Nostra» von Umweltschützer Franz Weber zeigte sich gewillt, das Hotel zu retten. Mit der Stiftung «Giessbach dem Schweizer Volk» gelang dies auch. Für drei Millionen Franken konnte die Anlage gekauft werden und wurde in den Folgejahren umfassend renoviert.

Saison
Ende April bis Ende Oktober
Neu
Gastronomie teilweise auch mit Winterbetrieb

Sport/Freizeit/Erholung
Tennis (Sandplätze), Natur-Schwimmbad, Billard, Wanderparadies, eigener Park mit 22 Hektaren, Sommer- und Wintersport (Axalp, Hasliberg)

Ambiente Innenräume 5
Garten, Park, Terrassen 5
kinderfreundlich 3
Preisklassen
Le Tapis rouge 3
Parkrestaurant 2

Der Besucher wird nach wie vor vom Schloss verzaubert. Glanz und Glamour leben weiter. Der schäumende Giessbach, der sich in 14 Etappen in den Brienzersee stürzt, trägt das Seinige dazu bei, den Platz zu einem besonderen Ort zu machen. Man könnte zwar auch nur wegen des Essens hierherkommen, denn die Gault-Millau-Fans finden das prunkvolle Restaurant «Le Tapis Rouge» samt Seeterrasse mit herrlicher Aussicht in ihrer rotweissen Bibel. Hier stehen lukullische Dinge auf der Karte, wie ein Spanferkel mit Portweinjus auf Artischocken und Tomaten mit Kartoffel-Fenchel-Mousseline. Und viele andere nicht alltägliche Gerichte.

Wer es lieber bürgerlicher hat, geht in das Parkrestaurant mit Orangerie und Terrasse. Hier direkt gebenüber den Wasserfällen werden die Gäste mit klassischen Gerichten verwöhnt. Hier gibt es auch Menüs, die sich wie kleine Gedichte anhören.

Ist das Grandhotel Giessbach ein Märchenschloss für den Sommer? Davon ging ich bisher aus. Nicht mehr ganz: Kleine feine Räumlichkeiten sind für Gesellschaften auch während der Winterzeit buchbar. Und wenn die Gruppe mindestens 20 Personen zählt, kann man sogar im schneebedeckten Schloss schlafen.

Zwischen Dampfbahn und Ballenberg

Hotel Lindenhof, Brienz

Wunderbar ruhig und an erhöhter Lage lädt der Lindenhof zum Verweilen ein. Die im typischen Berner Oberländer Chaletstil gebaute Hotelanlage strahlt Wärme aus und ist sehr familienfreundlich. Jörg Imhof, langjähriger und grosszügiger Chef, Gastgeber des «Hauses im Grünen», ermöglicht den Gästen das besondere Erlebnis.

Hotel Lindenhof
3855 Brienz
Telefon 033 952 20 30
Fax 033 952 20 40
www.lindenhof-brienz.ch
info@lindenhof-brienz.ch

Erlebnishotel und Gastronomie

Hansjörg Imhof, Gastgeber

Wer als Auswärtiger oder Tourist in Brienz unterwegs ist und mit «Hopp» angesprochen wird, muss sich nicht etwa schneller fortbewegen, nein, er wird in der heimeligen Haslitaler Mundart gegrüsst. Vieles im leicht gesungenen Dialekt erinnert an das Walliser Dütsch. Das 3000-Seelen-Dorf am oberen Ende des gleichnamigen Sees hat eine lange Geschichte. Keine Angst, ich werde sie nicht aufarbeiten. Wie schon beim Giessbach erwähnt, waren die Brienzer Tourismus-Pioniere. Sie sind Profis geblieben und können heute auf viele Attraktionen nationaler Bedeutung stolz sein. Die zwei wichtigsten möchte ich gerne kurz vorstellen.

Brienzer Rothorn-Bahn: Sie ist die einzige Dampfbahn auf der Welt, die mit Dampflokomotiven aus drei Generationen jeden Tag fährt. Sie stampft, zischt und schnaubt auf dem Weg aufs 2250 Meter hohe Brienzer Rothorn. Und dies seit bald 120 Jahren. Die Strecke wurde nie elektrifiziert. Ich schlage es der Unesco als Weltkulturerbe vor.

Ballenberg: Ein vergleichsweise junges Pflänzchen. Die Schweiz, wie sie einmal war. Mehr als 100 originale, jahrhundertealte Gebäude aus allen Teilen des Landes wurden gerettet und hier wieder aufgebaut. 250 einheimische Tiere vom Bauernhof,

ursprüngliche Gärten und Felder sowie altes Handwerk, das demonstriert wird, machen den Ballenberg zum einzigartigen Freilichtmuseum. Für grosse und kleine Kinder ein Event, das nicht ausgelassen werden darf.

Am Anfang des zwanzigsten Jahrhunderts baute der Brienzer Schnitzer und Jäger Victor Huggler etwas abseits des Dorfes, zwischen grossen Lindenbäumen versteckt, ein kleines Wirtshaus. Weil das Essen so gut war und die Getränke das ihre taten, mochten sich einige Gäste nicht mehr den Weg nach Hause machen. Anfänglich übernachteten sie auf dem Heustock in einer kleinen Scheune, doch bald wuchs das Bedürfnis nach einfachen Fremdenzimmern.

Zwischenzeitlich war der Betrieb an die Gartenbauschule und die Gärtnerinnenlehranstalt Brienz verpachtet. Die Zweckentfremdung dauerte bis nach dem zweiten Weltkrieg. Dann waren scheinbar nicht mehr so viele Gärtnerinnen gefragt. Und aus dem Internat Lindenhof wurde wieder eine Pension. 1964

Saison
Anfang März bis
Anfang Januar

Öffnungszeiten Gastronomie
März und April/November und Dezember jeden Montag und Dienstag sowie 21. bis 26. Dezember geschlossen

Sport/Freizeit
Hallenbad, Sauna, Solarium, Tennis, Wandern, Sommer- und Wintersport (Axalp und Hasliberg), viele Sehenswürdigkeiten in der Region, auf dem Hin- oder Rückweg besuchen: Interlaken

Ambiente Innenräume 3
Garten, Park, Terrasse 5
kinderfreundlich 5
Preisklasse 2

übernahmen Haymo und Heidi Fotsch die Pension, die sie bis 1995 in ein grosses Hotel mit Wellnessbereich und gepflegtem Park ausbauten. In den Neunzigerjahren boomte die Erlebnishotellerie, welcher sich auch der Lindenhof nicht verschliessen mochte. So wurde das Erlebnisrestaurant Luna gebaut, wo mit speziellen Showeffekten getafelt wurde. Das Spezialzimmer Venus schoss den Vogel ab: hier konnte man das Bett motorgetrieben auf die Terrasse fahren und unter dem Sternenhimmel schlafen! Sturm Lothar verwüstete am 26. Dezember 1999 die Hotelanlage. In dieser Nacht starb Hotelier Haymo Fotsch.

Sein Sohn Christian übernahm den Betrieb und führte ihn mit Jörg Imhof weiter. Die Hotelanlage wurde in jüngster Zeit stark ausgebaut und erneuert. Im grosszügig angelegten Hotelpark können die Erwachsenen sich beim Betrachten der Bäume und Pflanzen entspannnen. Auch ein Gletschergarten gehört dazu. Die Kinder kommen auf dem grossen Spielplatz voll auf ihre Rechnung. Wenn sich der erste Hungerast einstellt, wird es Zeit, sich mit Speis und Trank zu beschäftigen.

Im Wintergarten und auf der Terrasse, mit Sicht auf Berge und Brienzersee, wird man mit regionalen Spezialitäten und Klassikern verwöhnt. Auch internationale Gerichte stehen auf der Karte. Es gibt mit passendem Menü einen gastronomischen Spaziergang aufs Rothorn: ohne Muskelkater am nächsten Morgen! In der Künstlerstube mit Gemälden einheimischer Meister werden die gleichen Gerichte serviert. Im Alpstübli schmecken natürlich Raclette und andere Spezialitäten aus den Bergen besonders gut. Den Schlummertrunk geniesst man in der Heidi-Bar, benannt nach Heidi Fotsch, der langjährigen Hotelière.

Wer gut aufgehoben war, kommt bestimmt zurück, um einige Tage Ferien oder ein Wochenende hier zu verbringen. Die Zimmer tragen alle einen Namen und sind auch entsprechend eingerichtet: Blumenwiese, Schmuggler, Himmelbett, Adlerhorst…

Der schönste Punkt am Thunersee

Parkhotel am See, Gunten

Funde aus der Neusteinzeit belegen, dass diese herrliche Landschaft schon vor 5000 Jahren von Menschen bewohnt war. Das glaubt man sofort. Im milden Klima des südseitig gelegenen Ortes lebt man privilegiert. Und der Blick auf den meist tiefblau gefärbten See, auf die scheinbar greifbaren Charakterberge und das majestätische Alpenpanorama bringt uns ins Träumen. Im grossen Hotelpark kann man unter alten Bäumen und Palmen lustwandeln. Und wenn das Wetter beim Besuch des Parkhotels mitspielt, gibt es nichts Schöneres, als unter den Sonnenschirmen im Garten oder auf der Terrasse zu tafeln.

Parkhotel am See
Seestrasse 90
3654 Gunten
Telefon 033 252 88 52
Fax 033 252 88 88
www.parkhotel-gunten.ch
info@parkhotel-gunten.ch

Ferien- und Seminarhotel
Gastronomie

Anne-Lise und
Philemon Zwygart,
Gastgeber

Gunten gehört politisch zur Gemeinde Sigriswil, zusammen mit zehn Nachbardörfern. Die Aufzählung dieser Dorfnamen mahnt mich ein wenig an die Geografiestunde. Im Einzugsgebiet wohnen rund 5000 Menschen. Die grössten Ortschaften sind Gunten, Sigriswil und Merligen, deren Einwohnerzahlen so nahe beieinanderliegen, dass man meinen könnte, sie seien abgesprochen.

Das stolze, in einer Bucht gelegene Parkhotel am See wurde 1910 erbaut und kann auf eine 100-jährige Geschichte zurückblicken. Anne-Lise und Philemon Zwygart führen das Hotel seit mehr als 10 Jahren mit viel Engagement und Herzblut.

«Wir lernen viel Praktisches für den Alltag im Umgang mit Mitarbeitern und Gästen: Es macht Spass, unseren Gästen mit erfrischender Herzlichkeit zu begegenen und ihnen dadurch unvergessliche Stunden zu bereiten. Oder nach innen gewandt: Als Parkhotel-Team pflegen wir einen persönlichen, respektvollen Umgang. Die Arbeit soll Freude bereiten und für die Mit-

Saison
Anfang April bis
Anfang Januar

Sport/Freizeit/Erholung
eigener Badestrand,
Wassersport auf dem See,
wandern, biken, Solbäder in
Sigriswil und Merligen

Ambiente Innenräume 4
Garten, Park, Terrasse 5
kinderfreundlich 5
Preisklassen 1, 2, 3

arbeitenden eine wertvolle Erfahrung sein. Jedes Individuum im Team ist wichtig und findet seine Anerkennung». Dass dieser Geist auch wirklich spürbar ist, kann ich bestätigen.

Zum Hotel gehört auch die Parkresidenz Gunten, die älteren Menschen eine ideale Wohnform an einem paradiesisch schönen Ort bietet. Hier können die Bewohner entsprechend ihrer körperlichen Verfassung aktiv bleiben. Die Wohnungen haben einen gehobenen Ausbaustandard und bieten den Luxus eines eigenen Balkons mit See- und Bergsicht.

Tages- und Hotelgäste können die kulinarischen Köstlichkeiten im Restaurant oder auf der Garten-/Seeterrasse geniessen, wo sie von aufmerksamem Servicepersonal betreut werden. Die Speisekarte enthält viele Fischgerichte, aber auch klassische Speisen. Eine sättigende Berner Rösti mit Speck und Zwiebeln ist für nur 24 Franken zu haben. BABOUCHI steht für drei verschiedene Fonduearten: Fondue Bacchus, Fondue Bourguignonne und Fondue Chinoise. Schade eigentlich, dass man nicht auch das einheimische Käsefondue bestellen kann. Es würde dann heissen BABOUCHKA. Chili-Spezialitäten runden das Angebot ab. Dass Kuchenfahrten nach Gunten sich lohnen, zeigt die grosse Karte mit selbstgemachten Desserts. Wer die weitverbreiteten Glacekarten nicht mehr sehen kann, ist hier richtig.

Tafeln wo einst Trauben reiften

Hotel-Restaurant Schönbühl, Hilterfingen

Zwei junge Gastronomie-Profis managen das Schönbühl mit Erfolg. Dass Frau Schubert kaum grosse Preise gewinnen kann, liegt am System. Urs Wandelers Karriere zeigt steil nach oben: in der rot-weissen Bibel werden ihm schon in jungen Jahren 14 Punkte gegeben. Vor zwei Jahren wurde der ehrgeizige Koch, der mit ebenso viel Talent wie Passion am Herd steht, in die Vereinigung der «Jeunes Restaurateurs d'Europe en Suisse» aufgenommen. Eine Ehre, die er mit 30 anderen jungen Schweizer Köchen teilt. Die Küche ist ein wichtiger Teil des Hauses, aber beileibe nicht das einzige, was das Haus zu einem kleinen Paradies macht.

Hotel-Restaurant Schönbühl
Dorfstrasse 47
3652 Hilterfingen
Telefon 033 243 23 83
Fax 033 243 40 47
www.schoenbuehl.ch
info@schoenbuehl.ch

Ferien- und Seminarhotel
Tagungsort für Gesellschaften

Verena Schubert
und Urs Wandeler,
Gastgeber

Die Alemannen eroberten viele helvetisch-römische Gebiete und bauten Siedlungen. So entstand am Thunerseeufer «Hiltofinga». Der Anfang von Hilterfingen. Im Mittelalter gehörte das Dorf zur Freiherrschaft Oberhofen, die 1398 an die Stadt Bern fiel. Bis Mitte des 17. Jahrhunderts regierten die Adelsfamilien Scharnachtal und von Erlach. Ab Ende 19. Jahrhundert ersetzte der Tourismus viele Einbrüche beim Weinbau. Anfang des 20. Jahrhunderts wurden die ersten Hotels gebaut. In dieser Zeit wurde aus fast allem ehemals landwirtschaftlichem Boden Bauland. Wichtige historische Bauten sind: «La Chartreuse» in Hünibach (abgerissen 1965), «Schloss und Gut Eichbühl» (heute Schulhaus der Unterstufe), «Schloss und Gut Hünegg» wechselte viele Male den Besitzer, bis der Kanton Bern 1958 die Schlossgebäude und den Park übernahm. Die Anlage ist öffentlich zugänglich und beherbergt unter anderem das Museum für Wohnkultur (zweite Hälfte 19. Jahrhundert). In Hilterfingen und Hünibach wohnen heute 4000 Menschen. Im Frühjahr 1898 wurde das «Büelhaus» als Wirtschaft zur Pinte eröffnet und 1899 / 1900 zu einer Pension erweitert. Fortan hiess sie Pension

Saison
Februar bis Dezember
Montag und Dienstag ist das Restaurant geschlossen

Sport/Freizeit/Erholung
wandern, biken, Wassersport, Schifffahrt auf Thuner- und Brienzersee, grosses kulturelles Angebot

Ambiente Innenräume 4
Garten, Park, Terrasse 5
kinderfreundlich 4
Preisklassen 1, 3

Schönbühl. In den folgenden Jahrzehnten wurde immer wieder aus- und umgebaut. Aus der einfachen Pension wurde ein stattliches Hotel. In den 60er- und 70er-Jahren wurde die ganze Anlage modernisiert. Nasszellen ersetzten die Etagenbäder. 1993/1994 schliesslich wurde das Gartenrestaurant ausgebaut und die Küche erneuert. Das Hotel hatte häufig den Besitzer gewechselt, bis es schliesslich 1998 von der Hotel Schönbühl AG gekauft wurde. Die neuen Besitzer bauten den Hoteltrakt neu und renovierten den bestehenden Teil im Jugendstil.

Das Hotel Schönbühl hat 19 geschmackvoll eingerichtete Zimmer mit Balkon. Eine herrliche Aussicht auf See und Berge ist garantiert. Seit Frühjahr 2005 führen Verena Schubert und Urs Wandeler den Betrieb. Sie wollen ein breites Publikum erreichen: mit einer ehrlichen, kreativen Küche und dem Credo

HOTEL
RESTAURANT
Schönbühl

von Entgegenkommen und Charme, bei dem viele Wünsche in Erfüllung gehen können.

Die Speisekarte ist klein und bei den Hauptgerichten liegt der Schwerpunkt auf Fischgerichten und Klassikern. Sättigende vegetarische Gerichte haben ebenfalls ihren Platz. Die Kochkunst kann mittags auch mit kleinem Budget genossen werden: Ein Tagesteller mit Suppe oder Salat inklusive 3 dl Mineralwasser kostet 18 Franken. Wahrlich ein Schnäppchen. Der Gourmet-Lunch ist für etwas mehr als das Doppelte zu haben.

100 Jahre Gäste aus nah und fern glücklich gemacht

Park Hotel Oberhofen am Thunersee

Oberhofen ist eine Reise wert. Der alte Herrschaftssitz aus vergangenen Zeiten hat sich vom Fischer- und Winzerdorf zum bevorzugten Wohnort mit hoher Lebensqualität entwickelt. Im Park Hotel kann der Gast dank erhöhter Lage die fast uneingeschränkte Ruhe geniessen und sich im Angesicht von Eiger, Mönch und Jungfrau, verbunden mit einer herrlichen Seesicht, entspannen. Im Garten oder im neu gestalteten Restaurant werden die mit viel Liebe zubereiteten Köstlichkeiten serviert. Ein Ort, wo man die Sorgen des Alltags für einige Stunden vergessen kann.

Park Hotel Oberhofen
3653 Oberhofen am Thunersee
Telefon 033 244 91 91
Fax 033 244 91 92
www.parkhoteloberhofen.ch
info@parkhoteloberhofen.ch

Ferien- und Seminarhotel
Gastronomie

Heinz und Doris Rüfenacht,
Gastgeber

Vermutlich wurde das Schloss Oberhofen im 12. Jahrhundert gebaut. Sicher ist, dass es unter den Herren von Eschenbach schon früh zu einem Mittelpunkt der vornehmen Gesellschaft wurde. Nach dem Sempacherkrieg (1389) legte das mächtige Bern seine Hand auf die Herrschaft Oberhofen, die sie aber bereits 30 Jahre später der adligen Familie von Scharnachtal verkaufte. Hier begann die Erfolgsgeschichte des so paradiesisch schön gelegenen Dorfes. Vor mehr als 200 Jahren wurde neben dem Schloss das erste Schulhaus gebaut. So konnten auch die Kinder von Bauern, Winzern und Fischern ihren Bildungshunger stillen.

Das Park Hotel Oberhofen wurde 1913 erbaut und von Hotelier Charles Immer viele Jahrzehnte geführt, und zwar unter dem Namen «Montana». 1942 kaufte die Stadt Bern das Haus an schönster Lage mit der Absicht, hier eine Altersresidenz einzurichten. Weil es bei der Idee blieb, arbeitete Hotelier Immer als Pächter weiter. Hier machten so bekannte Leute wie die italienische Kronprinzessin Maria-José oder der deutsche Bundespräsident Gustav Heinemann Urlaub. Ab 1982 führt Peter Risi das Haus, zuerst als Angestellter, später als Pächter. Grössere Investionen lehnt die Stadt Bern ab. 1997 kaufte die Heilsarmee das Park Hotel Oberhofen. Es folgte eine Total-Sanierung mit gleichzeitigem Neubau des Mehrzwecksaales. 2004 erwarben die heutigen Besitzer, Heinz und Doris Rüfenacht, das Hotel, bauten die Juniorsuiten um und gestalteten das Restaurant neu. Nebst Individualgästen und gesellschaftlichen Gruppen, die der guten Küche wegen hierherkommen, setzen die Rüfenachts auch auf das Seminarbusiness. Der im gleichen Verlag wie dieses Buch erscheinende «Seminarguide» zeichnete das Park Hotel Oberhofen 2010 zum Midena Seminarhotel des Jahres aus.

Saison
ganzjährig geöffnet,
Betriebsferien nach Ansage

Sport / Freizeit / Erholung
Unzählige sportliche Möglichkeiten, vor allem Wassersportarten, Kultur so weit das Auge reicht, wandern, biken, relaxen

Ambiente Innenräume 5
Garten, Park, Terrasse 5
Kinderfreundlich 3
Preisklasse 2

In der marktfrischen mediterranen Küche werden regionale Produkte verarbeitet. Gault Millau gibt dem Park Hotel 15 Punkte. Eine relativ kleine Karte ist immer ein gutes Zeichen: Hier gibt es kein Convenience, alles wird selbst gekocht. Ich lege meine Hand für die Ehrlichkeit der Küche ins Feuer. Neben kleinen Köstlichkeiten werden Klassiker aus der Schweiz und den Nachbarländern angeboten. Am Mittag gibt es ein Gourmet-Schnäppchen-Menü für 22 Franken. In den Wintermonaten steht am Freitag- und Samstagabend Fondue Chinoise à discretion auf dem Programm. Neben dem A-la-carte-Angebot kann auch das Degustationsmenü mit 3, 4 oder 5 Gängen bestellt werden.

An schönen warmen Abenden lässt sich natürlich wunderbar im Garten tafeln. Es ist ein spezielles Erlebnis, wenn die Sonne langsam untergeht über dem Thunersee. Das glühende Abendrot auf Eiger, Mönch und Jungfrau ist spektakulär.

Vielleicht die schönste Bucht der Welt

Strandhotel Belvédère, Spiez

Nur eine halbe Autostunde von Bern entfernt liegt der Ort der Begierde. Das Belvédère befindet sich an einzigartiger Lage über der Spiezer Bucht und bietet eine überwältigende Aussicht auf den Thunersee und die umliegenden Berge. Von den Testesssern wurde es als bestes Restaurant am See ausgezeichnet. Wenn man in einem der komfortablen Zimmer übernachtet, kann man sich auf der Wohlfühlinsel «Bel-Well» wie in 1001 Nacht verwöhnen lassen.

Strandhotel Belvédère
Schachenstrasse 39
3700 Spiez
Telefon 033 655 66 66
Fax 033 654 66 33
www.belvedere-spiez.ch
info@belvedere-spiez.ch

Ferien-, Geschäfts- und Seminarhotel
Gastronomie

Markus Schneider, Gastgeber

In der Gemeinde Spiez wohnen über 12000 Menschen. Eine richtige Stadt also? Da in der «Bäuert» Spiez, wie hier die angeschlossenen Burgergemeinden genannt werden, aber nur 7600 wohnen, reden die Spiezer lieber von ihrem Dorf. Weitere Bäuerten sind Einigen, Faulensee, Spiezwiler und Hondrich. Schon 1000 Jahre vor Christus gab es in Spiez befestigte Höhensiedlungen. Die Geschichte des Bauern-, Fischer- und Winzerdorfes ist eng mit dem Schloss Spiez verbunden. Der Bau der Anlage geht auf das 10. und 11. Jahrhundert zurück. Hier residierten die bekannten Adelsgeschlechter von Strättligen, von Bubenberg und von Erlach. Auch heute ist das Schloss mit der dazugebauten Kirche von Spiez das kulturelle Zentrum.

Im Jahre 1908, also vor wenig mehr als 100 Jahren, wurde das Strandhotel Belvédère eröffnet. Damals kostete eine Übernachtung mit Vollpension 5 Franken, was sich nur wenig Reisende leisten konnten. Zwischen den beiden Weltkriegen mussten die Hoteliers ziemlich unten durch. Sie waren dabei in guter Gesellschaft. 1947 kauften die Metzgermeister das Haus und bauten die erste Fachhochschule. Damit kehrte auch der Erfolg zurück. Das Belvédère war das erste ****Hotel am Thunersee, das einen elektrischen Aufzug besass. Nachdem die Metzgermeister ein eigenes Haus erstellt hatten, begannen wieder unruhigere Zeiten. 1997 kaufte Walter Hauenstein, ein bekannter Immobilienhändler, das Strandhotel. Er renovierte das Haus und baute stetig aus. So wurde das etwas in die Jahre gekommene Hotel zu einer Oase des Wohlbefindens.

Verzeichnis nach Orten

Saison
Februar bis Januar

Sport/Freizeit/Erholung
alle Sommer- und Wintersportarten,
die Wellness-Oase ist eindrücklich,
ist aber nur für Hotelgäste

Ambiente Innenräume 5
Garten, Park, Terrasse 5
kinderfreundlich 2, 3
Preisklassen 2, 3

Von kleinen, feinen Köstlichkeiten bis hin zum mehrgängigen Abendessen bei Kerzenlicht bietet das Haus eine ausgezeichnete saisonale Küche, die keine Wünsche offen lässt. Der Gast kann im «Salon Bleu», im Restaurant «Français» oder im «Salon Gobelin» tafeln. An schönen warmen Tagen bietet sich zum Essen auch der schöne Garten an.

Schwerpunkte auf der Karte sind Klassiker und natürlich Fischgerichte der speziellen Art. Nicht alltäglich sind die «Kleinen Köstlichkeiten», die je nach Hunger als Vorspeise, in mittlerer Grösse oder als Hauptgang bestellt werden können. So erhöht sich der Preis von der Vorspeise zur Hauptspeise um 100%. An Festtagen werden spezielle Mehrgang-Menüs angeboten. In loser Folge sind auch einfache Gerichte auf der Karte: im Spätherbst zum Beispiel Metzgete.